Wolfgang Zeyen · Suzuki GSX-R-Modelle

Wolfgang Zeyen

Motorräder
die Geschichte machten

SUZUKI
Die GSX-R-Modelle

Motorbuch Verlag Stuttgart

Einbandgestaltung: Johann Walentek unter Verwendung eines Dias aus dem Archiv des Autors.

**Motorräder
die Geschichte machten**

**Eine Buchreihe im Motorbuch Verlag Stuttgart
Bisher in dieser Reihe erschienen:
Moto Guzzi V-Twins, Honda CX 500, Ducati, Sechszylinder,
Yamaha XT-Modelle, Suzuki GSX-R.
Weitere Bände in Vorbereitung.**

ISBN 3-613-01473-4

1. Auflage 1995.
Copyright © by Motorbuch Verlag, Postfach 10 37 43, 7000 Stuttgart 10.
Ein Unternehmen der Paul Pietsch-Verlage GmbH & Co.
Sämtliche Rechte der Speicherung, Vervielfältigung und Verbreitung sind vorbehalten.
Satz: Alber Fotosatz GmbH, 74385 Pleidelsheim.
Druck: Gulde-Druck, 72070 Tübingen.
Bindung: Heinrich Koch, 72072 Tübingen.
Printed in Germany

Inhalt

**Die Erste: Im Winter
1984/85 wird die Suzuki
GSX-R 750 offiziell der
Presse vorgestellt.**

GSX-R – ein Renner für die Straße

GSX-R – jedermann, der auch nur ein bißchen von Motorrädern weiß, kennt die Bedeutung dieser vier Buchstaben. Vielleicht ist ihm das Motorrad, das sich hinter diesem Kürzel versteckt, noch nicht einmal ein Begriff. Klar aber ist wohl auch dem Motorrad-Laien, daß sich hinter diesen Buchstaben ein supersportliches Motorrad verstecken muß.

Wie das kommt? Nun, mit der GSX-R 750 hat Suzuki einen Meilenstein geschaffen – und das in vielerlei Hinsicht. Nie zuvor – aber ziemlich häufig danach – ist von einem Motorrad-Hersteller ein kompromißloser auf Sportlichkeit getrimmtes Motorrad auf den Markt gebracht worden. Und eigentlich ist auch diese Formulierung schon wieder falsch. Denn die GSX-R ist von ihrer Idee her viel mehr als eine »auf sportlich getrimmte Maschine« – sie ist eine echte Sport-, ja vielfach sogar eine richtige Rennmaschine. Die GSX-R 750 bringt Fahrleistungen, die noch ein, zwei Jahre zuvor entweder echten Rennmotorrädern oder wesentlich hubraumstärkeren Boliden vorbehalten waren.

Ganz sicher ist Suzuki mit dem GSX-R-Konzept ein großes wirtschaftliches Risiko eingegangen. Denn zu dieser Zeit konnte noch niemand absehen, ob die Kundschaft sich überhaupt mit einem solch kompromißlosen Sportgerät anfreunden würde. Die Konkurrenz von Yamaha, Honda und Kawasaki agierte Mitte der achtziger Jahre wesentlich vorsichtiger und brachte mit der FZ 750, der VFR 750 und der GPX 750 Motorräder mit einem spürbar breiteren Einsatzspektrum auf den Markt. Doch die Suzuki-Mannen sollten für ihre Risiko-Freude belohnt werden: Die GSX-R 750 wurde zum Sport-

motorrad schlechthin, zum Vorbild für alles, was folgen sollte, zum Synonym für eine ganz neue Generation Motorräder: die Supersportler.

Die GSX-R gibt's auch heute, fast zehn Jahre später – noch. Sie ist zwar nicht mehr öl- sondern wassergekühlt, bleibt aber immer noch eine typische GSX-R. Inzwischen sind vielleicht sogar bessere, noch kompromißlosere Sportmotorräder auf dem Markt – eine GSX-R bleibt trotzdem immer eine GSX-R, und deshalb ist der Verkaufserfolg immer noch so gut.

Spätestens mit der Suzuki GSX-R 750 aber wurde auch eine Diskussion entfacht, die noch immer nicht ganz abgeschlossen ist – meiner Meinung nach aber beendet werden muß. Klar animiert ein Sportmotorrad zum Schnellfahren – aber tun das nicht andere Motorräder auch? Nicht im gleichen Maße vielleicht, aber macht es nicht zum Beispiel auch Spaß, mit einer gut liegenden Groß-Enduro GSX oder andere Rs auf einer engen, kurvenreichen Landstraße zu »versägen«. Bei solchen Späßen, aus denen allzuschnell Ernst werden kann, dürften wir uns alle schon erwischt haben. Aber was kann das Motorrad dafür?

Gar nichts, würde ich sagen. Denn was für technische Gerät, für alle Flug- und Fahrzeuge gilt, stimmt auch fürs Motorrad: Die Sicherheit beginnt im Kopf – und zwar in dessen, der oben drauf sitzt und am Gaskabel zieht. Der Straßenverkehr ist einfach nicht der Ort, wo unbeschwert gerast werden kann. Dafür gibt's doch die Rennstrecke – und welches Motorrad ist für einen gelegentlichen Ausflug auf die Rennstrecken Europas und der Welt geeigneter als so eine Suzuki GSX-R 750 oder 1100!

Mit dem ölgekühlten Vierzylinder hat Suzuki einen Motor geschaffen, der fast ein Jahrzehnt lang das Gesicht der Marke geprägt hat. Was Wunder, daß dieses Triebwerk auch in anderen Motorrädern auftaucht. Mit geringen Modifikationen kommt der Reihenvierer auch in drei Tourensportlern – GSX 600 F, GSX 750 F und GSX 1100 F – zum Einsatz. Und selbstverständlich macht er auch in diesen Motorrädern ein gute Figur. Logisch, daß deshalb auch diese Motorräder neben den supersportlichen GSX-Rs in diesem Buch ihren Platz finden.

Wenn auch mein Name allein vorn auf dem Umschlag steht, dann heißt das im vorliegenden Falle nicht, daß ich die Arbeit an diesem Buch allein bewältigt habe. Große Teile wurden von zwei befreundeten Kollegen beigesteuert: Der schwedische Motorrad-Journalist Jan Leek war viele Jahre lang in der Endurance-Szene aktiv, kennt sich dort selbstverständlich gut aus und hat deshalb die beiden Kapitel über die Langstrecken-Rennerei und die Entwicklung der GSX-R 750 beigesteuert. Andi Seiler – ebenfalls freischaffender Motorrad-Journalist – hat sein umfangreiches Archiv bemüht und sich jedes einzelne in diesem Buch vorgestellte Motorrad vorgenommen. Beiden sei deshalb an dieser Stelle herzlich gedankt.

Wolfgang Zeyen
Antweiler, Januar 1995

Suzuki – von Textilmaschinen zu Motorrädern

Fast neunzig Jahre lang währt schon die Geschichte der Firma Suzuki, beheimatet im japanischen Hamamatsu, einer Industriestadt, rund 250 Kilometer südwestlich von Tokio an der Küste zum Pazifik gelegen. 1909 gründet Michio Suzuki dort eine Fabrik, die sich fortan mit der Herstellung von Webstühlen befaßt. Bis weit in die dreißiger Jahre hinein beschäftigt man sich einzig mit Textilmaschinen. Erst 1936 interessiert sich die inzwischen fast dreißig Jahre alte Firma für ein anderes Produkt: Unter der Leitung von Saburo Suzuki nimmt eine Arbeitsgruppe ihre Tätigkeit auf, die sich mit den Möglichkeiten einer Automobil-Fertigung befaßt. Im November 1937 erreichen die Vorboten des vor der Türe stehenden Zweiten Weltkrieges auch Suzuki in Hamamatsu: Auf Geheiß der Regierung beginnt man mit der Produktion von Munition. Schon wenig später steht die Firma praktisch ganz unter staatlicher Kontrolle. Mehr und mehr wird die Waffen- und Munitionsherstellung forciert. Doch bis zum Ende des Zweiten Weltkriegs gibt Suzuki die Herstellung von Textilmaschinen nie ganz auf. Als im August 1945 der Zweite Weltkrieg auch im pazifischen Raum zu Ende geht – zuvor wird sowohl der Hauptsitz der Firma in Hamamatsu als auch die Fabrik in Takatsuka von amerikanischen Luftangriffen schwer in Mitleidenschaft gezogen –, beginnt auch bei Suzuki der Wiederaufbau und die Rückbesinnung auf die eigenen Traditionen: die Herstellung von Webstühlen und anderen Textilverarbeitungsmaschinen. Im Mai 1947 bekommt die Verwaltung von Suzuki die noch heute gültige Adresse: 300, Kamimura Takatsuka, Hamana-gun, Shizuoka Pref.

Im November 1951 beginnt Suzuki mit einer Versuchsproduktion von kleinen 36-Kubik-Fahrradhilfsmotoren. Im April 1952 schließlich startet man in Hamamatsu die Herstellung eines kompletten Fahrrads mit diesem kleinen Zweitakt-Motörchen. Der Name des kleinen Gefährts: »Power Free«. Ein Jahr später erscheint die »Diamond Free«, ein 60-Kubik-Zweitakt-Motorrad, das sofort großen Anklang findet. Gleichzeitig beginnt auch der Export dieser Zweiräder ins benachbarte Asien. Im Oktober des gleichen Jahres schickt man das kleine Moped auf eine Mammut-Testdistanz von Sapporo, ganz im Norden Japans, bis nach Kagoshima, unten im Süden – rund 2.000 Kilometer. Nach 18 Tagen sind die Testfahrer mit dem kleinen Zweitakter am Ziel.

1954 schließlich wird das erste Viertakt-Motorrad, die »Colleda CO« mit 90 Kubik, auf Kiel gelegt. Nahezu gleichzeitig – im Juni dieses Jahres – ändert die Firma ihren Namen in Suzuki Motor Co., Ltd. Wiederum einen Monat später feiert man den ersten sportlichen Triumph: Die »Colleda« gewinnt die zweite Auflage des Fuji-Bergrennens. An dieser Stelle wollen wir einen Sprung von einigen Jahren machen: 1960 schließlich taucht der Name Suzuki erstmals in den Starterlisten der Isle of Man auf, und bereits 1962 gewinnt man dort das 50-Kubik-Rennen. Im gleichen Jahr schafft Ernst Degner nach vier Siegen in zehn Rennen die 50-Kubik-Weltmeisterschaft auf seiner Suzuki. Diesen

Erfolg komplettiert der Neuseeländer Hugh Anderson in den beiden folgenden Jahren. 1963 gewinnt er gleichzeitig die 125er Weltmeisterschaft – sechs Siege in zwölf Rennen. Dieses Kunststück gelingt ihm noch einmal zwei Jahre später. Dieter Braun schließlich erringt 1970 die bislang letzte 125er Weltmeisterschaft für Suzuki. Erfolgreich ist man während der frühen sechziger Jahre außerdem in der Schnapsklasse, der 50-Kubik-Klasse: Gleich dreimal hintereinander wird Hans-Georg Anscheidt mit der 50er Suzuki Weltmeister der kleinsten Hubraumklasse. Während es Suzuki in der 250er – und auch in der inzwischen ausgestorbenen – 350er Klasse bislang zu keiner einzigen Weltmeisterschaft gebracht hat, reichte es in der Königsklasse – bei den 500ern – immerhin zu fünf Titeln: 1976 und '77 durch Barry Sheene, 1981 durch Marco Lucchinelli, ein Jahr später durch Franco Uncini und 1993, nach vielen vergeblichen Anläufen, endlich auch durch den Texaner Kevin Schwantz.

Doch zurück zu den Serienmotorrädern: Während der sechziger Jahre hatte das japanische Unternehmen seine Aktivitäten auch nach Europa und den USA ausgedehnt. Zum Verkaufsrenner wird zum Beispiel die T 20 Super Six mit Zweizylinder-Zweitaktmotor. Anfang der siebziger Jahre erscheinen die beiden Dreizylinder-Zweitakter GT 380 und GT 550 mit der neuartigen Ram-Air-Kühlung. Nahezu gleichzeitig kommt die legendäre GT 750, die hierzulande den liebevollen Beinamen »Wasserbüffel« erhält. Der große Dreizylinder-Zweitakter säuft zwar wie ein Loch, verhilft der bis dahin größten Suzuki aber zu einer Spitzengeschwindigkeit von 195 km/h, was zu dieser Zeit schon ein Wort ist.

Mitte dieses Jahrzehnts entsteht die RE 5, eines der vielen erfolglosen Motorräder mit Wankelmotor. 1976 schließlich legt Suzuki den Grundstein zu einer sehr, sehr erfolgreichen Modellpalette: Mit der GS 750 und der GS 400 präsentiert man gleichzeitig zwei Viertakt-Motorräder, die der Konkurrenz mindestens ebenbürtig, wenn nicht gar überlegen sind. Dem 750er Vierzylinder stellt man schon bald Varianten mit 500, 550, 850 und 1.000 Kubik zur Seite. Die 1000er Variante wird schließlich die erste erfolgreiche Viertakt-Rennmaschine von Suzuki.

1979 legt Suzuki eine neue Viertakt-Generation auf Kiel: die GSX-Baureihe mit Vierventil-Zylinderköpfen – die direkten Vorläufer der GSX-R-Baureihen. Aufsehen erregt man vor allem mit den in Deutschland gestylten Katana-Modellen, die ebenfalls auf den GSX-Suzukis basieren, mit ihrem neuartigen Design jedoch einen großen Schritt in die Zukunft des Motorrad-Stylings bringen.

Die Produktpalette von Suzuki deckt mittlerweile nahezu den gesamten motorisierten Freizeitbereich ab. Außenbordmotoren und Jet-Skis gehören ebenso zum Angebot wie Stromaggregate. Erfolgreich ist man im Automobilbereich vor allem mit den geländegängigen Fahrzeugen im Beach-Look. Seinen Namen aber hat Suzuki sich mit Motorrädern gemacht. Der Grund: Eine Suzuki repräsentiert stets die Spitze des technologisch Machbaren, gepaart mit einem guten Schuß Sportlichkeit. Dies beweisen nicht zuletzt die hier beschriebenen GSX-R-Modelle, die sicher mitverantwortlich dafür sind, daß Suzuki nun bereits seit mehreren Jahren an der Spitze der deutschen Zulassungs-Hitlisten steht.

GSX-R 750 – die Entwicklung

Der genaue Ort für die Geburt der ölgekühlten GSX-R 750 ist unmöglich zu bestimmen. Genauso unmöglich ist es, den exakten Zeitpunkt zu finden, aber die Vorgeschichte beginnt ziemlich sicher auf einer Rennstrecke – irgendwann gegen Ende der siebziger oder Anfang der achtziger Jahre. Zu jener Zeit starten die offiziellen und inoffiziellen Werksteams aller japanischen Hersteller die Entwicklung ihrer nächsten Viertaktsportler-Generation und verhelfen damit einer Rennsport-Disziplin zu neuem Ruhm.

Langstreckenrennen – Endurance auf Französisch – haben vor allem in Frankreich eine lange Tradition, und dort hat der energische Teamchef Dominique Méliand für Suzuki erfolgreiche Viertaktmaschinen entwickelt, verfeinert und ins Rennen geschickt. Die großen Konkurrenten sind das Werksteam von Honda und unglaublich viele Privatteams auf Kawasaki. Die Kawasakis gelten – was Tuning und Haltbarkeit angeht – als einfach und unproblematisch, außerdem scheint hier und da sogar das Werk die Finger mit im Spiel zu haben. Bei Suzuki sieht das anders aus, die ganze Organisation hängt vom Enthusiasmus des kleingewachsenen Méliand persönlich ab. Während Kawasaki bald darauf reinrassige Werksmaschinen – ganz in Grün – an den Start bringt, wird bei Suzuki das Interesse erst geweckt, als der Hubraum der Endurance-Renner auf 1.000 Kubik begrenzt wird. Zuvor konnten Motorräder mit bis zu 1.300 Kubikzentimetern Hubraum ins Rennen geschickt werden.

Gleichzeitig, also zu Beginn der achtziger Jahre, erlangt die auf der Isle of Man entstandene Formel-1-Klasse – Viertakt-Rennmotorräder mit bis zu 1000 Kubik und von Serien-Motorrädern abgeleiteten Motoren – vor allem in England großes Interesse, und für die Saison 1980 baut Suzuki seine erste richtige Viertakt-Rennmaschine: die XR 69, die auf der GS 1000 basiert. Mit Graeme Crosby im Sattel gewinnt die neue Maschine die Formel-1-Weltmeisterschaft und auch das 200-Meilen-Rennen von Daytona. Zusammen mit Wes Cooley siegt Crosby im August beim Acht-Stunden-Rennen von Suzuka. Wes Cooley war bereits einige Jahre lang mit Spezial-Suzukis in der amerikanischen Rennszene erfolgreich und bestritt in Begleitung seines Landsmannes Ron Pierce schon 1978 den Bol d'Or – jenen legendären französischen 24-Stunden-Klassiker.

Suzuki ist auch in den USA aktiv – vor allem unter der Regie von »Pops« Yoshimura, dem bekannten Tuner japanischer Viertakter. »Pops« hatte die Superbikes von Cooley und auch jene Langstreckenmaschine, mit der Cooley und Pierce 1978 beim Bol d'Or fuhren, gebaut. Yoshimuras Hauptbetätigungsfeld ist allerdings die seit Mitte der siebziger Jahre immer beliebter werdende amerikanische Superbike-Serie, wo europäische Zweizylinder-Viertakter mit japanischen Vierzylindern um die Wette donnern.

Suzuki ist vor allem mit Wes Cooley einigermaßen erfolgreich; der GS 750 – der Basis für die Superbikes – und den bis auf 870 Kubik aufgebohrten

Spezialbauten folgt dann die große GS 1000. Endlich hat auch Suzuki einen Sieger. Bald aber schon müssen das Werk und die Tuner feststellen, daß der GS 1000-Motor ziemlich empfindlich auf leistungssteigerndes Tuning reagiert, daß er vor allem bei 24-Stunden-Rennen, fast genauso zerbrechlich ist wie die einige Saisons lang in der amerikanischen Dragster-Szene eingesetzte PS-Monster auf Suzuki-Basis. Hinter den Erfolgen in den USA und in den europäischen Langstreckenrennen stecken tausende von Arbeitsstunden, Stunden peinlichst genauer Vorbereitung aller Komponenten. Leistung aus dem Motor zu holen ist eine Sache, das Problem bleibt stets die Zuverlässigkeit.

Aber offensichtlich ist all dies doch der Mühe wert. Die frühen Achtziger sind die Zeit, in der die Fans plötzlich «ihre»Maschinen auf den Rennstrecken sehen können, Verkaufsstände rund um die Rennveranstaltungen sind mit T-Shirts, Jacken, Aufnähern, sogar mit Höschen in den entsprechenden Werks-Farben gefüllt. Die Viertaktklassen haben ihren Weg direkt in die Herzen der Fans gefunden, vielleicht, weil diese Langstreckenrennen den Zuschauern auch hinter den Tribünen Unterhaltung und Karnevalsstimmung bieten. Dort draußen auf den Kirmesplätzen verwischen dann die Grenzen zwischen Straßen- und Rennmaschine. Denn der sorgfältig verfeinerte und lackierte Nachbau draußen vor dem Tor sieht der echten Werksmaschine, die drinnen um die Wette fährt, oft zum Verwechseln ähnlich. Identifikation mit dem Produkt, Markenbindung nennen Werbestrategen so etwas. Und genau dies hoffen die Werke mit ihrem Engagement ja auch zu erreichen.

Die Hersteller nutzen jedes einzelne Rennen für ihre Werbung. Deshalb zählt auch jeder Sieg, und als Suzuki 1980 beim Bol d'Or einen Doppelsieg landet, kennt die Freude unter den Suzuki-Fans kaum Grenzen. Zu dieser Zeit genießt die Langstrecken-Szene eine größere Popularität als die Straßen-Weltmeisterschaft. In den folgenden Jahren wird Suzuki noch mehrere solcher Doppelsiege feiern können. Die Szene ist aktiv, und die Fans bauen Replikas – Replikas, die auf entscheidende Weise zukünftige Sportmaschinen beeinflussen werden. Honda erkennt als erster Hersteller die Zeichen der Zeit und präsentiert für 1982 die CB 1100 R. Eigentlich nichts weiter als eine aufgebohrte Version des erfolgreichen Straßenmodells CB 900 Bol d'Or, aber in einem Outfit, das einem Langstreckenrenner ähnelt. Die CB 1100 R ist eine Sensation, und in Frankreich wird sogar eine Rennserie mit diesem Modell ausgetragen. Bei Langstreckenrennen, die nicht zur Weltmeisterschaft zählen, kann die Maschine mit ihrem Hubraum von mehr als einem Liter ebenfalls eingesetzt werden - ein Privatteam landet damit 1982 beim 24-Stunden-Rennen in Le Mans auf Rang fünf.

Hervé Moineau schließlich gewinnt mit der großen 1000er Suzuki 1983 die Langstrecken-Weltmeisterschaft. In den gelb-weißen HB-Farben gewinnt Suzuki 1984 außerdem den Bol d'Or mit Patrick de Radigues und Jean-Pierre Oudin am Lenker. Ab 1984 ist der Hubraum in der Langstrecken-Weltmeisterschaft und den Formel-1-Rennen auf 750 Kubik begrenzt, aber im ersten Jahr hat eigentlich nur Honda eine einsatzbereite Maschine.

Der WM-Titel von Suzuki bedeutet nicht nur Ruhm und Ehre sowie die Möglichkeit, mit diesem Erfolg zu werben. Man bekommt außerdem die Blaupause einer Rennreplika. Mit der GS 1000 R als Basis wird eine neue 750er entwickelt.

Honda hatte mit der CB 1100 R versucht, Erfolge in der Langstreckenszene zu vermarkten. Jetzt möchte Suzuki das gleiche. Yamaha entwickelt übrigens gleichzeitig die fünfventilige FZ 750 und wird mit ihr ebenfalls neue Maßstäbe setzen.

Die Welt staunt nicht schlecht, als die neue GSX-R 750 im Dezember der Presse vorgestellt wird. Sie ähnelt in fast jedem Detail den Werksmaschinen

Der filigrane Aluminium-Doppelschleifenrahmen der GSX-R 750 ist rund acht Kilogramm leichter, als es ein entsprechendes Rohrgeflecht aus Stahl wäre.

von Suzuki, und so etwas ist den Käufern zuvor nie angeboten worden. Suzuki hat ganz bewußt versucht, eine Rennreplika für die Straße zu bauen, aber so detailtreu, daß sie mit nur wenigen Änderungen auch im Rennen eingesetzt werden kann. Es ist die bis jetzt kompromißloseste Sportmaschine aus Japan und soll konsequenterweise von Anfang an in verschiedenen Tuningstufen angeboten werden, was damals etwas völlig Neues ist.

Der Projektleiter, Etsuo Yokouchi, legt vor dem Start der Entwicklung zwei Ziele fest, mit deren Hilfe erreicht werden soll, daß das Motorrad mehr als

tolle Aufkleber auf schnittigen Verkleidungsteilen bietet. Die Neue soll sehr leicht sein – unter 200 Kilogramm trocken (ursprüngliches Entwicklungs-Ziel: 176 kg) – und außerdem sehr leistungsstark: mindestens 100 PS. Das sind die beiden magischen Zahlen, die die Konstrukteure während der Arbeit vor sich haben.

Ein bißchen mehr Gewicht als die angestrebten 200 Kilogramm bringt die Neue schließlich doch auf die Waage, ist aber leichter als die meisten 600er der Zeit. Und die Gewichtseinsparung rührt von überall her, nicht nur vom offensichtlich leichten Alurahmen, der allerdings weniger als zehn Kilogramm leichter ist, als es ein entsprechendes Teil aus Stahl gewesen wäre. Suzuki profitiert beim GSX-R-Fahrgestell von mehrjähriger Erfahrung bei den Alufahrgestellen ihrer Rennmaschinen und auch von den bei den Straßenmodellen GSX-R 400 und RG 250 Gamma gewonnenen Erkenntnissen. Technische Probleme gibt es bei der Produktion des GSX-R-Chassis nicht, aber kostspielig wird's. Alurahmen herzustellen ist teuer, und Suzuki versucht deshalb die Zahl der Einzelteile zu verringern, aus denen das Rohrgeflecht zusammengesetzt wird. Fünf Teile – darunter auch die Doppelschleife – werden gegossen und anschließend mit den übrigen 21 Teilen verschweißt. Wenn man weiß, daß herkömmliche Stahlrahmen damals aus bis zu 90 Teilen bestehen, kann man die Fortschritte, die beim GSX-R-Rahmen gemacht worden sind, besser ermessen.

Zum Motor: Wasserkühlung kommt für die Techniker aus Gewichtsgründen auf keinen Fall in Frage, gleichzeitig aber ist man zu Recht der Ansicht, daß luftgekühlte Motoren bei Sportmotorrädern endgültig der Vergangenheit angehören. Ein modifizierter Motor der alten GSX-Ausführung bringt es bei Vollast-Tests auf über 170 Grad Öltemperatur. Da man in den Rennversionen bis zu 130 PS anstrebt, scheint eine Luftkühlung zu gewagt. Dank eines genialen Einfalls findet man die Lösung. Der Motorenkonstrukteur Yasunobu Fujii ist begeisterter Flugzeug-Enthusiast und weiß natürlich, daß in Flugmotoren – wo es ebenfalls aufs Gewicht ankommt – Öl als Kühlmittel recht häufig eingesetzt wurde, unter anderem im Merlin-Motor des amerikanischen Kampfflugzeugs Mustang. Fujii testet seine Idee und sprüht Öl unter hohem Druck auf die Oberseite des Brennraums, und siehe da: Es funktioniert, und die Temperatur sinkt! Mit einer großen Ölwanne und einen großen Ölkühler erzielt man noch bessere Werte. Das größere Ölvolumen

ist immerhin noch leichter als ein zusätzlicher Wasserkühler, Pumpe und Kühlflüssigkeit. Eine zweite Niederdruckpumpe befördert zusätzlich Motoröl zu besonders heißen Stellen im Motor. Über Düsen wird Öl auf die Oberseite des Brennraums gespritzt, und jener Schmierstoff, der durch die Pleuellager strömt, gelangt an die Unterseiten der Kolben. Das Öl nimmt die Hitze auf und gibt sie dann über den großen Ölkühler – fast so groß wie übliche Wasserkühler – an die Umgebung ab.

Der Motor kann auf diese Weise seine Luftkühlung-Optik behalten, was für die Stylisten nicht ganz unwichtig war. Die Akzeptanz wassergekühlter Motoren scheint Mitte der achtziger Jahre noch nicht gesichert. Die Ölkühlung bringt – verglichen mit einer Flüssigkeitskühlung – eine Gewichtseinsparung von etwa sieben Kilogramm.

Als Vergleichs-Basis bei allen weiteren Gewichtserleichterungs-Maßnahmen dient der alte GSX-750-Motor. Sämtliche Bauteile werden mit den alten Teilen verglichen: Die Kurbelwelle wird um zwei Kilo leichter, der Zylinderkopf 2,2 Kilogramm, die Zylinder immerhin ein, das Kurbelgehäuse 1,5 Kilo und so weiter. Eine damals nicht besonders beachtete Gewichtseinsparung bringt zum Beispiel der große Ventildeckel, der bei der GSX-R aus leichtem Magnesium gefertigt wird. Der Motor mitsamt Getriebe wiegt schließlich 67 Kilogramm, was im Vergleich zum Triebwerk der alten GSX 750 – Gesamtgewicht 80 Kilogramm – eine Ersparnis von satten 13 Kilos bedeutet. Mit Luftfilter, Öl und Ölkühler wiegt das GSX-R-Kraftpaket dann 73 Kilogramm.

Ein Nebeneffekt der Gewichtseinsparungen: Eine genaue Analyse sämtlicher Bauteile des Motors, deren Gewichte und Belastungen, erlaubt es den Technikern, die Dimensionen der Haupt- und Pleuellager zu reduzieren, was wiederum weniger Leistungsverlust durch innere Reibung bedeutet. Die Techniker rechnen mit einem Gewinn von drei Pferdestärken bei 11.000 U/min allein dadurch.

Gleichzeitig mit der
»zivilen« GSX-R 750 stellt
Suzuki auch die mittels
Yoshimura-Tuningkit
erstarkte Rennversion
vor.

Der hauptsächliche Leistungsgewinn allerdings rührt aus den Erfahrungen, die bei den Renneinsätzen mit großen Viertaktern gewonnen worden sind. Größere Ventile, Nockenwellen mit längeren Öffnungszeiten und höhere Verdichtung heißen die Zutaten zu diesem Erfolgsrezept. Die Einlaßventile messen im Durchmesser einen Millimeter mehr als die Ventile der GSX 750, und die Auslaßventile fallen gleich um drei Millimeter größer aus. Platz für die großen Ventile und eine optimale Brennraumform erreicht man dank der Verwendung einer kleinen, zentral plazierten 10-Millimeter-Zündkerze

und vor allem mit Hilfe einer größeren Bohrung – 70 mm verglichen mit 67 mm bei der GSX 750 –, weshalb der Hub logischerweise kürzer ausfallen muß: 48,7 gegenüber 53 Millimeter. Die mittlere Kolbengeschwindigkeit sinkt dank dieser Maßnahmen ebenfalls, weshalb man die Höchstdrehzahl von 10.000 auf 11.000 Umdrehungen pro Minute steigern kann.

Suzukis Vierventilsystem – TSCC genannt, Twin Swirl Combustion Chamber – basiert auf einem englischen Patent, bei dem allerdings der Zylinderkopf flach und der eigentliche Brennraum im Kol-

15

ben untergebracht ist. Suzuki dreht den Spieß quasi wieder um – Brennraum im Kopf und dachförmiger Kolben – und kann mit Hilfe einer recht breiten Quetschkante im Zylinderkopf den Verbrennungsverlauf weiter optimieren. Durch die spezielle Brennraumform erreicht man außerdem eine gute Verwirbelung des Gemischs, was ebenfalls für eine gute Verbrennung und hohe Klopffestigkeit sorgt.

Auf der Vergaserseite kommen vier 29-mm-Mikuni-Flatslide-Einheiten zum Einsatz, gefüttert von einer Luftfilterbox mit einem Volumen von acht Litern. Eine derart große Airbox hatte es bislang noch nicht gegeben. Auf diesem Gebiet hatte man bis dahin nur wenig geforscht. Suzuki macht sich hier erstmals den leistungssteigernden Effekt einer großen Box zunutze: Der Füllungsgrad des Motors verbessert sich mit wachsendem Volumen einer solchen Airbox erheblich, da die vier Vergaser jederzeit relativ homogene und nicht verwirbelte Luft ansaugen können.

Etsuo Yokouchi geht von Anfang an von der Devise aus, daß das neue Motorrad eine Rennmaschine für die Straße werden soll. Der legendäre Tuner »Pops« Yoshimura wird deshalb schon sehr früh in die Entwicklung einbezogen. Yoshimura hatte mit seinem 1000er WM-Motor von 1983 quasi die Vorarbeit geleistet. Seine Tuningmaßnahmen während der Entwicklung des neuen Motors geben den Technikern bei Suzuki Hinweise, wie weit man gehen kann, vor allem was die Standfestigkeit angeht.

Der Erfolg dieser Zusammenarbeit zwischen Tuner und Werk ermöglicht es Suzuki schon bei der Vorstellung in Hamamatsu im Spätherbst 1984, zwei verschiedene Tuning-Kits anzubieten: Die TT-F1-Ausführung verspricht 137 PS und der etwas gemäßigte Langstreckenkit etwa 130. Zum Vergleich: Hondas »Kit-Motor« für die 750er V 4 bietet gleichzeitig etwa 115 PS. Bei der Präsentation dreht auch

Rennfahrer Graeme Crosby zusammen mit einem japanischen Testfahrer einige Runden mit der Rennversion von Yoshimura. Was keiner damals weiß, aber heute erkennbar ist: Diese beiden Rennprototypen haben jene Verkleidung, die später bei der sogenannten Slingshot-Version eingeführt wird.

Das Fahrgestell an sich zeigt, abgesehen vom Aluminium als Baustoff für den Rahmen, keine radikalen Neuerungen. Lediglich in einem Punkt bietet es doch Neues, nämlich in seinen Abmessungen. Der Alurahmen wiegt gerade mal 8,1 Kilogramm – der ältere Stahlrahmen wog immerhin satte 17 Kilo –, aber für die Handlichkeit ist der kurze Radstand von 1.435 Millimetern viel entscheidender. Der Anfang der achtziger Jahre ist die Zeit der Motorrad-Dinosaurier, hohes Gewicht und ständig wachsende Motorleistung haben unweigerlich zu größeren Abmessungen geführt. Mit der GSX-R 750 kehrt nicht nur der Leichtbau zurück, sondern auch eine kompakte Bauweise: Der Radstand ist für diese Zeit ausgesprochen kurz. Auch der mit 64 Grad recht steil stehende Lenkkopf trägt zur Handlichkeit der neuen Suzuki bei. Der Nachlauf von 107 Millimetern sorgt für Stabilität, was sich auch schon bald als dringend erforderlich zeigen sollte: Die erste GSX-R 750 erwirbt sich schnell den zweifelhaften Ruf einer Wackelkiste, die ersten Modifikation bringen einen Lenkungsdämpfer und die längere Schwinge der GSX-R 1100.

Die Suzuki-typische Full-Floater-Federung kommt auch im Heck der GSX-R 750 zum Einsatz, in einer modifizierten Version mit exzentrischer Aufhängung allerdings, die eine bedeutend größere progressive Wirkung zeigte.

Bei der Gabel macht man endgültig Schluß mit den unendlich vielen Einstellmöglichkeiten und kommt auch ohne ein Anti-Dive-System aus, einem beliebten Ausstattungsdetail bei sportlichen Motorrädern jener Zeit. Stattdessen sorgte ein neues

Dämpfersystem für progressive Wirkung, abhängig von Einfedergeschwindigkeit und -hub. Suzuki realisiert endlich, daß unzählige Einstellmöglichkeiten kein Ersatz für eine ordentliche Grundabstimmung mit Allround-Charakter sein kann.

Vor allem bei Endurance-Rennen brachte die neue Generation Breitreifen Probleme. Wegen der stetig gestiegenen Motorleistung brauchen die leistungsstarken Langstrecken-Maschinen genau so breite Reifen wie die Grand-Prix-Zweitakter. Doch bei Langstreckenrennen verschleißen auch solch breite Schlappen schnell und müssen dann möglichst flott gewechselt werden, was bei den Breitreifen zumindest beim Vorderrad ein Problem ist. Denn oft kann das Rad nur ausgebaut werden, wenn zuerst mindestens eine der beiden vorderen Bremszangen entfernt wird, eine Arbeit, die wertvolle Minuten in der Box kostet. Die größten Probleme bereiten dabei die kleinen 16-Zoll-Räder und deren extrem breite Reifen. Genau diese Breite aber läßt die Uhr bei Boxenstopps lange ticken. Das ist der Hauptgrund, warum die GSX-R 750 vorn und hinten mit 18-Zoll-Rädern ausgestattet wird. Mit Bodenfreiheit hat das weniger zu tun, da der Durch-

messer eines breiten 16-Zoll-Rads in etwa dem eines schmäleren 18-Zöller entspricht. Ein weiterer Punkt, der für die Verwendung der größeren Räder spricht: Für diese Dimension gibt es für Sporteinsätze immer noch die besseren Reifen. Man darf aus heutiger Sicht sicher behaupten, daß Suzuki mit der GSX-R 750 – und das, obwohl die Firma bei den Grand-Prix-500ern die kleinen 16-Zöller erst salonfähig gemacht hatte – die Geschichte der problematischen 16-Zoll-Bereifung besiegelt hat.

Das internationale Sport-Debüt der neuen Maschine geht beim 24-Stunden-Rennen von Le Mans im April 1985 über die Bühne. Nicht weniger als fünf Teams mit reinen Werksmaschinen gehen an den Start und außerdem einige mehr oder weniger tiefgreifend modifizierte Standard-GSX-R 750. Die Maschinen treffen erst spät in Europa ein, und nicht einmal die beiden französischen Werksmaschinen sind in den Teamfarben lackiert. Das Debüt gelingt traumhaft, Suzuki landet einen Doppelsieg und bringt eine weitere Maschine unter die ersten Fünf. Auf den ersten Weltmeisterschafts-Titel für die GSX-R muß Suzuki jedoch bis 1988 warten.

Der Motor – gewußt wie

»Alles nichts besonderes« – zu dieser Feststellung kommt man schon bald, sieht man sich heute, fast zehn Jahre nach der Präsentation der GSX-R 750 das Vierzylinder-Triebwerk einmal genauer an. Doch auch 1985 repräsentierte das Suzuki-Aggregat nicht unbedingt die Revolution zwischen zwei Rädern, sondern viel eher ein konsequent durchdachtes und auf hohe Leistung getrimmtes Vierzylinder-Konzept.

Sieht man sich die groben Eckdaten an – vier Zylinder in Reihe, zwei kettengetriebene obenliegende Nockenwellen, vier Ventile pro Zylinder über Schlepphebel betätigt – dann muß man zwangsläufig zu dem Schluß kommen, daß Suzuki hier recht konventionellen Maschinenbau präsentiert.

Aber: 100 PS aus 750 Kubikzentimeter Hubraum – diese Vorgaben haben die Marketing-Strategen den GSX-R-Entwicklern bekanntlich ins Lastenheft geschrieben. Und diese Forderung scheint Mitte der achtziger Jahre beinahe ein bißchen unverschämt. Hatten doch die noch 1984 – also in der Saison vor der Vorstellung der neuen 750er – in der britischen Formel-1-Meisterschaft eingesetzten Werks-Triebwerke auf Basis der »alten« GSX 750 gerade mal ehrliche 106 PS Leistung und waren außerdem noch ausgesprochen anfällig. Und jetzt soll es fast die gleiche Leistung in einem Serienmotorrad geben, mit zwei Jahren Garantie, langen Service-Intervallen und so weiter!?

Angesichts der Größe dieses Vorhabens scheint schnell klar, daß man außer den oben bereits genannten groben Eckdaten nicht viel von der alten GSX 750 übernehmen kann. So präsentiert sich der GSX-R-Motor denn auch als völlige Neukonstruktion. Der Fortschritt verglichen mit dem Vorgänger liegt im Detail, und dahin wollen wir an dieser Stelle einmal blicken.

Wie erreicht man eigentlich hohe Motorleistung? Nun, das Rezept ist so simpel, wie schwierig in die

Der GSX-R-Motor ist ein – bis auf die Ölkühlung – durch und durch konventionelles Triebwerk.

18

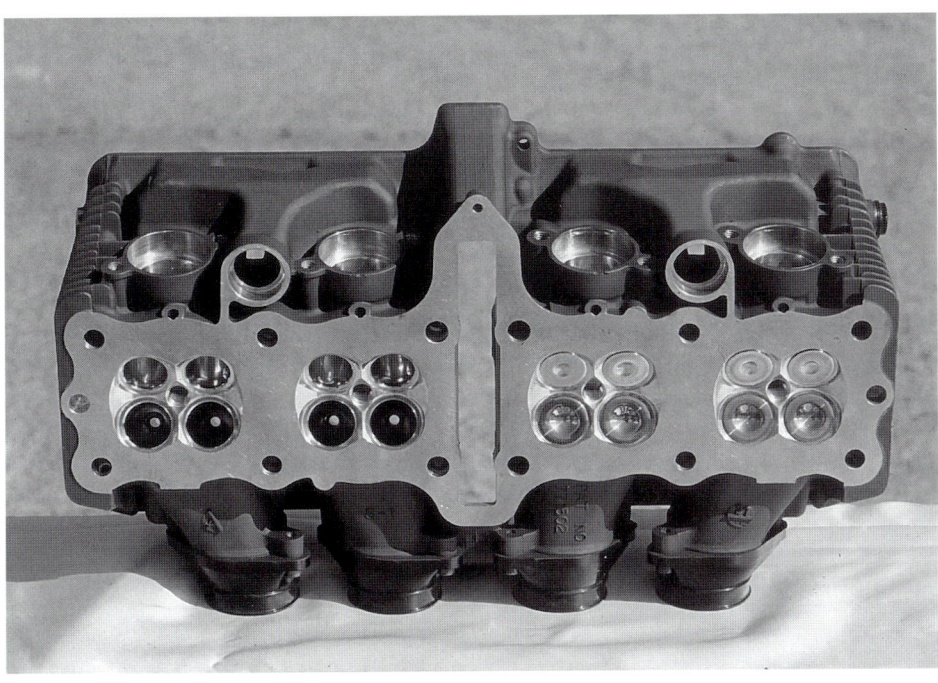

Der Zylinderkopf des neuen 750er Motors: Gut zu erkennen sind die vier TSCC-Brennräume mit ihren je vier Ventilen, die einen hohen Frischgasdurchsatz erlauben.

Tat umzusetzen. Es geht darum, in möglichst kurzer Zeit eine möglichst große Menge Frischgas in den Zylinder zu befördern und das verbrannte Gemisch entsprechend flott wieder Richtung Auspuff zu entsorgen. Und wenn man dann noch hoch drehen kann, ist man schon fast am Ziel. Zu Punkt eins: Will man eine möglichst große Menge Frischgas in kürzester Zeit in den Zylinder befördern, sind zunächst mal große Vergaser recht hilfreich. Die bekommt die GSX-R auch. 29 Millimeter im Querschnitt messen die vier Mikuni-Vergaser. Logisch, daß dann aber auch die Einlaßkanäle im Zylinderkopf und die beiden Einlaßventile möglichst durchlässig gestaltet sein müssen. Der Durchmesser der Ventile aber ist begrenzt – durch die Zylinderwandung nämlich. Schließlich müssen die Ventile innerhalb des Zylinders untergebracht werden. Also erweitern die Suzuki-Ingenieure die Zylinderbohrung um drei Millimeter, was die Verwendung

von 21er Einlaßventilen gestattet. Um das Hubraum-Limit von 750 Kubik nicht zu überschreiten, muß der Hub natürlich entsprechend verkürzt werden – auf 48,7 Millimeter genau. Das bringt einen weiteren Vorteil: Ein kurzer Hub bedeutet nämlich niedrige Kolbengeschwindigkeiten, was wiederum der Lebensdauer aller bewegten Bauteile im Motor zugute kommt. Zusätzlich kommt statt einer 12-Millimeter-Zündkerze – wie noch beim Vorgängermodell – eine kleinere Kerze mit 10-Millimeter-Gewinde zum Einsatz. Auch dies schafft Platz für größere Ventile. Die Brennraumform selbst ist mehr oder weniger bekannt. Die TSCC-Form soll die Gemischverwirbelung und damit auch den Verbrennungsvorgang selbst beschleunigen.

Der Rest des Motors ist – wie schon gesagt – überwiegend konventioneller Triebwerksbau. Die sechsfach gelagerte Kurbelwelle dreht sich in Gleitlagern, die es in vier verschiedenen Dicken gibt. Das Lagerspiel soll zwischen 0,02 und 0,044 Millimetern liegen. Auf die zweite Kurbelwange – von rechts gesehen – ist der geradverzahnte Primärtrieb aufgebracht. In der Mitte der Kurbelwelle finden wir das kleine Kettenrad für den Antrieb der Steuerkette. Die vier Pleuel sind selbstverständlich ebenfalls gleitgelagert – am großen Ende soll das Lagerspiel zwischen 0,032 und 0,056 Millimetern betragen, während der Kolbenbolzen am oberen Ende maximal 0,06 Millimeter Luft haben darf. Es kommen flache Dreiring-Kolben mit zwei Kompressionsringen und einem Ölabstreifer zum Einsatz. Bei der Konzeption des Kurbeltriebs wird auf die Gewichtsminimierung äußerster Wert gelegt. Denn jedes Gramm bewegter Masse kostet schließlich Leistung und fördert den Verschleiß.

Die beiden obenliegenden Nockenwellen werden von einer langen Steuerkette angetrieben, die genau in der Mitte des Motors zwischen den Zylindern drei und vier rotiert. Die Nockenwellen selbst laufen direkt im Leichtmetall des Zylinderkopfs, bei

Erreichen der Lager-Verschleißgrenze gibt's hier also keine Reparaturmöglichkeit. Die Ventile werden von den Nockenwellen indirekt über Schlepphebel betätigt. Jeder Hebel drückt gleichzeitig zwei Ventile herunter. Diese Lösung wählt man ausschließlich aus Gründen der Wartungsfreundlichkeit. Denn bei Verwendung solcher Schlepphebel kann das Ventilspiel simpel per Einstellschraube justiert werden, während bei einer Ventilbetätigung per Tassenstößel für diese Arbeiten sogenannte Einstell-Shims getauscht werden müssen, was mit erheblichem Mehraufwand verbunden ist.

Wie schon gesagt: Das Primärzahnrad sitzt auf der zweiten Kurbelwange von rechts. Sein Gegenstück finden wir außen auf dem Korb der hydraulisch betätigten Mehrscheiben-Ölbadkupplung, der allerdings nicht allein das Getriebe treibt, sondern über zwei weitere Zahnkränze auf der Rückseite des Korbes gleich noch die beiden Ölpumpen und die Lichtmaschine oben auf dem Kurbelgehäuse in Schwung bringt. Vom Getriebe selbst gibt's nichts besonderes zu berichten. Es handelt sich um ein normales, klauengeschaltetes Zweiwellen-Sechsganggetriebe. Der elektrische Anlasser findet seinen Platz übrigens ebenfalls oben auf dem Kurbelgehäuse und bringt die Kurbelwelle über ein auf dem linken Kurbelwellenstumpf angebrachtes Zahnrad samt Anlasserfreilauf in Schwung.

Wer den vorherigen Absatz aufmerksam gelesen hat, dem wird die Formulierung »die beiden Ölpumpen« aufgefallen sein. Das ist kein Fehler: Die GSX-R-Motoren haben tatsächlich zwei Ölpumpen, und das hat auch seinen Grund – alle in diesem Buch beschriebenen Motoren verfügen über eine sogenannte Ölkühlung. Die Bezeichnung SACS für dieses System (Suzuki Advanced Cooling System) bedeutet zu gut deutsch nichts anderes als: »Suzukis fortschrittliches Kühlsystem«. Doch so neu, wie es die Bezeichnung glauben machen will, ist dieses Prinzip nun wirklich nicht. Der

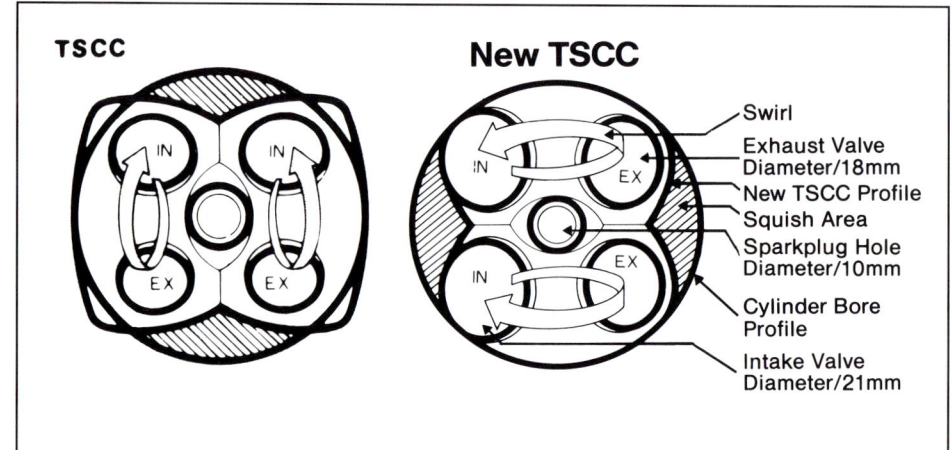

Flugmotorenhersteller Rolls Royce entwickelte bereits vor über 50 Jahren Motoren mit diesem Kühlsystem.

Was bringt's und wie funktioniert es? Nun, die thermisch höchstbelasteten Bauteile beim Viertakt-

Die Kurbelwelle der GSX-R 750 ist – verglichen mit der des Vorgängermodells GSX 750 – um zwei Kilogramm leichter.

motor sind die Brennräume und natürlich die Kolben. Während die Kühlung des Zylinders beim Motorradmotor schon lange kein Problem mehr darstellt, wuchs mit steigender Literleistung gleichzeitig die thermische Beanspruchung von Kolben und Zylinderkopf. Eine gängige Lösung dieses Problems ist die Kühlung des Motors durch Wasser. Dieses System hat – wenigstens in den Augen der Suzuki-Techniker – aber einige Nachteile. So scheuen die Ingenieure bei der Konzeption wohl vor allem den hohen konstruktiven Aufwand, den eine solche Flüssigkeitskühlung mit sich bringt. Das aber wohl kaum, weil sie sich vor der Arbeit drücken wollen: Vielmehr bedeutet höherer Aufwand ja vor allem auch höheres Gewicht und größere Leistungsverluste durch den Antrieb einer zusätzlichen Wasserpumpe.

Das Rolls-Royce-System aber scheint den Entwicklern genau die richtige Lösung zu sein. Es ermöglicht eine hohe Leistungsausbeute mit ver-

Oben rechts der aus teurem Magnesium gefertigte Ventildeckel. Auch alle Teile im Motorinneren (unten) sind auf extremen Leichtbau ausgelegt. Das vermindert die Leistungsverluste durch Reibung.

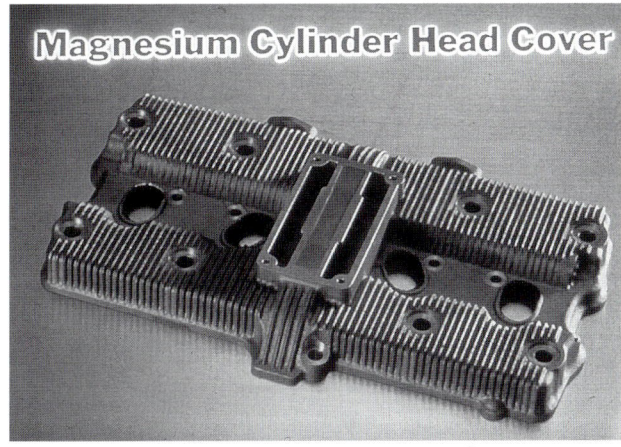

gleichbar geringem Aufwand, der nur ein Minimum zusätzlichen Gewichts mit sich bringt. Alle Suzuki-Motoren mit SACS – das gilt auch für die Einzylinder-Endurotriebwerke und die V-Motoren der beiden Choppermodelle VS 750 und VS 1400 – haben zwei Eaton-Ölpumpen. Die größere versorgt den Schmierkreislauf, während die andere den Kühlkreislauf umwälzt. Das Schmiersystem entspricht dem einer konventionellen Druckumlaufschmierung. Die Pumpe saugt das Öl im Ölsumpf unten im Kurbelgehäuse an und drückt es durch den Ölkühler, bevor es zu den Lagerstellen in Motor und Getriebe gelangt. Von dort fließt das Schmiermittel in die Ölwanne zurück.

Der Kühlkreislauf, das eigentliche SACS, kühlt im wesentlichen nur die thermisch höchstbelasteten Bauteile, also Kolben und Brennräume. Dazu saugt die zweite Eaton-Pumpe das Schmiermittel aus der Ölwanne, das mit einer Kapazität von bis zu 20 Litern pro Minute, und pumpt es mit einem Öldruck von über zwei Bar in Düsen, die das Öl von unten direkt unter die Kolbenböden spritzen. Ein Teil des angesaugten Öls wird durch Kanäle hoch in den Zylinderkopf gedrückt, wo es auf die Oberseite der Brennräume geleitet wird. Hier nimmt es Wärme auf und fließt durch Abflüsse an der Vorderseite

des Zylinderblocks wieder in den Sumpf zurück. Schmier- und Kühlkreislauf sind völlig voneinander getrennt, sie beziehen nur beide ihr Öl aus der gleichen Wanne. Die Temperatur sinkt dank SACS um zirka 50 Grad. Laut hauseigener Tests liegen die Motoröltemperaturen unter Vollast um zirka 40 Grad niedriger als bei Suzukis GSX 750 – ein Beleg für die gestiegene Leistungs- und Standfestigkeit.
Der Rest des Motors, also Zylinder und Kurbelgehäuse, gibt die Wärme weiterhin konventionell an die Umgebungsluft ab. Dazu erhält der Zylinderblock eine besonders feine Verrippung, die nicht nur wunderschön aussieht, sondern vor allem die Kühlfläche vergrößert.
Dieses System dürfte mit ein Grund für das enorme Leistungsvermögen der GSX-R-Motoren sein. Denn die speziell gekühlten Brennräume bringen eine bessere Frischgas-Füllung, die – wie wir ja weiter oben schon erwähnt haben – eine hohe Leistungsausbeute erst möglich macht.

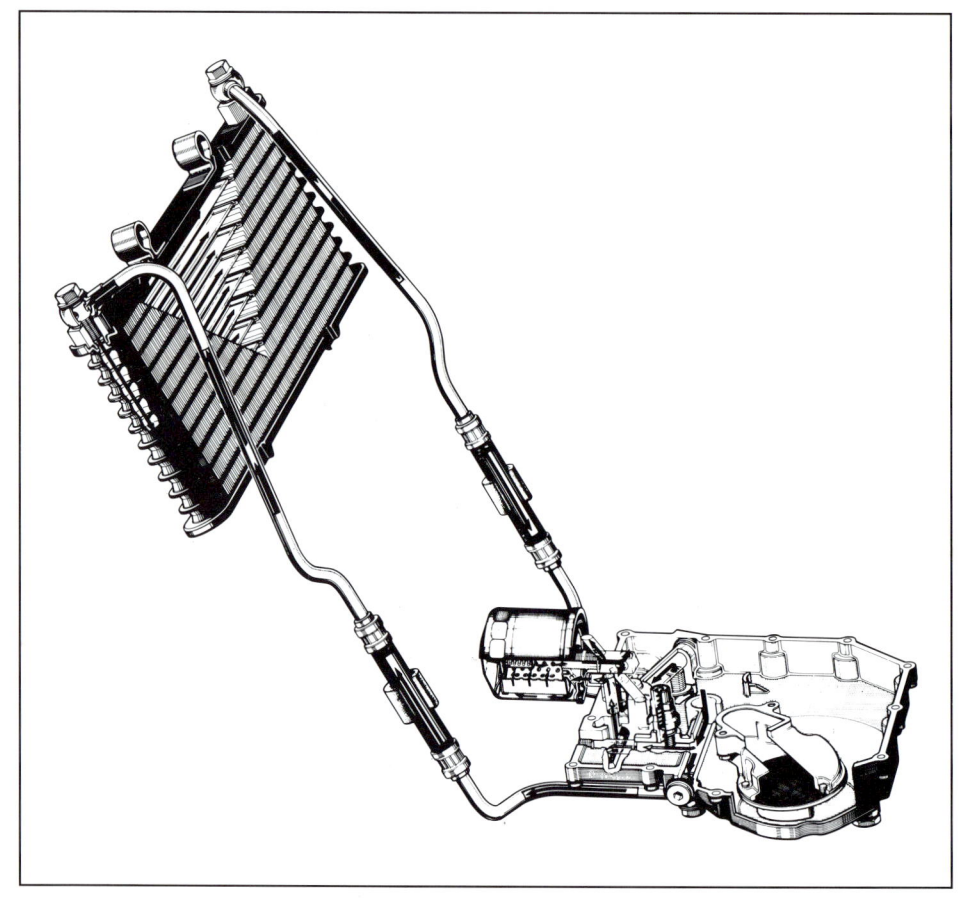

Der Schmierkreislauf: Eine Eaton-Ölpumpe saugt Schmiermittel aus der Ölwanne und pumpt es zunächst durch den großen Kühler, bevor es zu den Schmierstellen im Motor gelangt.

Die Supersport-Ära beginnt

Anfang der achtziger Jahre gelten 750er Motorräder als kostensparende Big Bikes, die wesentlich günstiger als ihre Einliter- und 1100er Schwestern zu unterhalten sind und dennoch in vielen Fällen die von den Großen abgeleitete Technik besitzen. Sie sind sozusagen »nur« noch die Ableger der eigentlichen Traummaschinen in der Motorradwelt, nachdem sie noch Anfang der Siebziger das Nonplusultra dargestellt haben.

Das ändert sich – zumindest in den USA – spätestens 1983, als die AMA (American Motorcyclist Association; oberste Motorradsportbehörde der USA) das Reglement der dort populären Superbike-Klasse auf 750 Kubik beschränkt. Von nun an raufen also Dreiviertelliter-Maschinen um die Amerikanische Superbike-Meisterschaft, und sie stehen damit im Brennpunkt des sportlichen Interesses der Zuschauer an den Rennpisten – eine nicht zu unterschätzende Werbemaßnahme für den Verkauf von 750ern. In Deutschland kommt das auf 750 Kubik beschränkte Reglement erst 1987 zum Zuge. Die vor Einführung der BoT-Formel (Battle of the Twins) damals auch in dieser Klasse noch startenden Zweizylinder durften jedoch weiterhin 1000 Kubik haben.

Dennoch riskiert auch das deutsche Publikum immer wieder einen Blick über den großen Teich und erhascht schon ab 1983 etwas von der Faszination der schnellen und leichten 750er. Zudem wird die vor allem in Europa imageträchtige Langstrecken-WM 1985 ebenfalls zugunsten der 750er geändert, das heißt, es sind seitdem nur noch Maschinen mit maximal 750 Kubik Hubraum zugelassen. Als dann 1984 die ersten Vorankündigungen zur IFMA im Herbst an die Presse weitergereicht werden, platzt die Bombe: Sowohl Suzuki als auch Yamaha bringen für 1985 zwei 750er Supersportlerinnen auf den Markt, die beide das in Deutschland von den Importeuren freiwillig gesetzte Leistungslimit von 100 PS ausschöpfen. Suzukis so getaufte GSX-R 750 ist ersten Zeichnungen zufolge den echten Werksrennern optisch sehr ähnlich.

GSX-R 750 F: Die Hyper-Sportlerin

Die Zeichnungen sind nahe dran an der Wahrheit, davon können sich Besucher der IFMA 1984 in Köln persönlich überzeugen. Die blau-weiß lackierte GSX-R 750 bestimmt das Bild des Suzuki-Stands. Auf einer schmalen Metallschiene mit Drahtseilen festgezurrt, setzt das Licht der Scheinwerferspots die Maschine und ihre offensichtlichen Highlights in Szene. Die Ähnlichkeit mit der Langstrecken-WM-Siegermaschine von 1983 ist verblüffend. Chassis, Federelemente und Bremsen sind mit denen der GS 1000 R, dem erfolgreichen Werksrenner von 1983, fast identisch. Und auch die Verkleidung mit dem charakteristischen Doppelscheinwerfer sieht verdächtig nach Langstreckenrenner aus. Der Motor hingegen ist eine völlige Neukonstruktion. Während die GS 1000 R noch mit dem alten luftgekühlten Doppelnockenmotor unterwegs war und damit die schnellen Kawas und

Hondas in Schach halten konnte, vertraut die GSX-R auf die von Suzuki neuentworfene Luft-/Ölkühlung, kurz SACS (Suzuki advanced cooling system). Unter dem dicken R für Racing auf dem Tank prangt der Schriftzug »Hyper Sports«, was nicht nur dem äußeren Erscheinungsbild durchaus gerecht wird.

Unmittelbar neben der Basis-Straßenmaschine steht schon die fürs kommende Jahr präparierte Rennversion. Ihr mehr in Weiß getauchtes Kunststoffkleid verbirgt direkt von der Basis-GSX-R abgeleitete Technik, die zu immerhin 130 PS gut sein soll. Diesen Wert erreichen die Aggregate ohne weitere Eingriffe aber nie. Ab April 1985 werden von der Racing-Version exakt sechs Exemplare an Rennteams vergeben. Neben der konkurrenzfähigen Leistung ist es vor allem das sehr geringe Gewicht, das der Konkurrenz das Leben schwermachen dürfte. 201 Kilogramm fahrfertig mit Öl und Benzin bringt die GSX-R auf die Waage, ein nie zuvor erreichter Wert für eine Serien-750er. Das daraus resultierende Leistungsgewicht von wenig mehr als zwei Kilo pro PS läßt die Maschine zur Rakete werden. Bei Messungen beschleunigt sie von null auf hundert in 3,9 Sekunden, weitaus beeindruckender sind aber die Werte bis hinauf zu 140 km/h (6,5 Sekunden) und 160 km/h (8,5 Sekunden). Die 400 Meter sprintet der Ableger des Werksrenners in sehr guten 12,2 Sekunden, die Höchstgeschwindigkeit wird mit 226 km/h gemessen.

24

Doch um eine 750er auf einen derart hohen Leistungsstand zu bringen, sind schon einige Tricks und Kniffe nötig. Suzukis Rennchef Etsuo Yokouchi hatte die Latte für das neue Superbike sehr hoch gelegt: 100 PS, 176 Kilo Trockengewicht und 230 km/h Höchstgeschwindigkeit waren von Anfang an angepeilt. So wurden zum Beispiel Motorgehäuse und Innereien schrittweise soweit abgespeckt, bis auf dem Prüfstand irgendetwas platzte oder auseinanderflog. Ergebnis dieser Diät in Raten: Die Kolben sind nun elf Prozent, die Pleuel 25 Prozent, die Kurbelwelle 19 Prozent und die feinverrippten Zylinder 17 Prozent leichter als bei der vergleichbaren GSX 750. Auch die Luft-/Ölkühlung ist ein Zugeständnis an das angepeilte Gewicht. Zudem kühlen die 5,0 Liter Ölinhalt bei einem Straßenmotorrad nicht schlechter als bei einer Flüssigkeitskühlung.

Brennräume und Kolben ergeben den Suzuki-typischen TSCC-Doppelwirbelbrennraum, in dem das Gemisch zugunsten einer guten Verbrennung ordentlich verwirbelt wird und die Zündkerze zentral plaziert ist. Aufgrund der relativ groß gewählten Bohrung (Bohrung mal Hub 70 x 48,7 mm) konnten die vier Ventile pro Zylinder ebenfalls größer als bei der normalen GSX ausfallen. Sie messen nun im Durchmesser 21 Millimeter für den Einlaß und 18 Millimeter für den Auslaß. Daneben vergrößerte man das Ansaugvolumen unter dem Tank auf acht Liter, was die Geräuschentwicklung, aber auch die Leistungsentfaltung positiv beeinflußt. Die Kraftstoffaufbereitung besorgen vier Mikuni-Flachschiebervergaser mit 29 Millimetern Luftdurchlaß, die das Ansprechverhalten deutlich verbessern, deren Gasschieber aber – das ergaben spätere Tests – ab und an beim Gaszumachen nicht schnell genug in die Nullposition zurückgleiten. Wieder entlassen werden die verbrannten Gase durch eine Vier-in-eins-Auspuffanlage mit hitzebeständiger Thermetall-Beschichtung und Hitzeschutzblende.

Der Motor gehört zu den schönsten, jemals in Serie gebauten Vierzylinder-Reihenmotoren und ist eigentlich viel zu schade, von einer Vollverkleidung verdeckt zu werden. Er fügt sich harmonisch in das polierte Leichtmetall-Chassis ein, das eine Kombination aus Guß- und Rohrteilen ist. Um unnötig komplizierte Schweißarbeiten zu vermeiden und zur Gewichtseinsparung wurde der Lenkkopf gleich mit einigen Rohransätzen gemeinsam gegossen, ebenso wie die Rohrgebilde im Bereich der Schwingenlagerung.

Erste Fahreindrücke zeigen, daß sich das Bemühen der Suzuki-Techniker um ein niedriges Gewicht ausgezahlt hat. Die Handlichkeit der GSX-R ist frappierend. Das relativ große und gar nicht der aktuellen Mode entsprechende 18-Zoll-Vorderrad macht aus der Suzuki eine zielgenaue Maschine mit wenig Aufstellneigung beim Bremsen in Schräglage. Bei Höchstgeschwindigkeit wird aber deut-

Die mächtige Gabel der ersten GSX-R spricht nicht besonders feinfühlig an und trägt so zu den Fahrwerksunruhen bei, von denen diese erste Version bei hohem Tempo befallen wird.

lich, daß die Leichtbau-Fetischisten in Hamamatsu ein wenig übers Ziel hinausgeschossen sind. Die GSX-R zeigt deutliche Geradeauslauf-Schwächen und Pendelneigung. Stichzeile in einem 750er Vergleichstest in *MOTORRAD 7/1985:* »GSX-R: Unruhiges Fahrverhalten«. Gründe für dieses Fahrwerksproblem könnten im Leichtbaurahmen, aber auch in der an der Vorderachse für Auftrieb sorgenden Vollverkleidung zu suchen sein. Auch in langgezogenen, schnellen Kurven äußert sich diese Fahrwerksschwäche. Hier trägt allerdings auch das verbesserungswürdige Ansprechverhalten der Gabel dazu bei. Überhaupt sind die Federelemente sportlich straff ausgelegt. Die Bremsen hingegen gehören zum Besten, was der Markt derzeit zu bieten hat. Die Bremsbeläge der Vierkolbenzangen vorne beißen sich förmlich ins gelochte Metall. Die hintere Bremse ist überbremssischer ausgelegt und gut zu dosieren.

Der Motor fährt im oben erwähnten Vergleichstest, an dem unter anderem auch die härteste Konkurrentin der GSX-R, die neue FZ 750 von Yamaha teilnimmt, gleichmäßig Punkte ein. Die große Laufruhe gehört zu den absoluten Stärken des Aggregats. Die Leistungsentfaltung paßt eher zu einer Rennmaschine und verhilft der GSX-R zu dem ihr ganz eigenen Charakter: Unter 3.000 Touren tut sich überhaupt nichts (wohlweislich beginnt die Skala des Drehzahlmessers erst ab dieser Drehzahl), zwischen 5.000 und 7.000 Kurbelwellenumdrehungen will der Motor von gefühlvoller Gashand gefüttert werden, um dann anschließend oberhalb dieser Drehzahl ein wahres Feuerwerk abzubrennen. Der Massenausgleich ist trotz fehlender Ausgleichswelle gelungen, oberhalb von 7.000 U/min spürt man nur ein ganz leichtes Kribbeln in Fußrasten und Lenkerenden. Eingeschlafene Füße und Finger bleiben einem aber auch auf langen Auto-

Heute schon fast ein Klassiker: Die erste Suzuki GSX-R 750 vereint ein renntaugliches, extrem handliches Fahrwerk mit einer sehr spitzen Leistungs-Charakteristik.

Warum wohl die Drehzahlmesserskala erst bei 3.000 Touren beginnt? Ganz klar, unterhalb dieser Drehzahl gibt der 750er Motor so gut wie keine verwertbare Leistung ab.

radschutzblech helfen die nicht wegzudiskutierenden Macken einer Serien-GSX-R abzustellen oder zumindest zu mindern.

Andere Schwachstellen sind die nur unzureichend gegen Spritzwasser geschützten Lagerstellen der Umlenkhebelei fürs hintere Zentralfederbein. Korrosion läßt diese Bauteile dann nicht mehr richtig arbeiten und führt zu Fahrwerksunruhen. Gleiches gilt für Lenkkopf- und Schwingenlager, die sehr leicht ausschlagen. Ebenso empfindlich reagiert die Maschine auf abgefahrenes Reifenprofil. Minimal vier Millimeter Profiltiefe sollten schon vorhanden sein, sonst wird die Fahrt auf der Suzi schnell zum Ritt auf der Kanonenkugel. Darüber hinaus gibt's an manchen Maschinen des '85er Jahrgangs ausgeschlagene Lichtmaschinenlager.

Suzuki hat auf jeden Fall erreicht, daß der Hersteller aus Hamamatsu bei den Straßensportlern verkaufsmäßig wieder ganz vorne dabei ist, und das zu einer Zeit, als der Motorradmarkt in Deutschland gerade Einbrüche bei den Neuzulassungen zu verdauen hat. Der Erfolg der GSX-R ist eigentlich kein Wunder, denn die Neue setzt technisch wie preislich neue Maßstäbe. Denn wann gab's schon einmal eine echte Renn-Replica mit Leichtmetallrahmen, Luft-/Ölkühlung und nur 201 Kilo Gewicht für gerade mal 12.799 Mark.

bahnetappen erspart. Ebenfalls sportlich fällt das klauengeschaltete Sechsganggetriebe aus. Mit nur geringem Druck auf den Leichtmetallhebel lassen sich die Gangstufen wechseln, die Übersetzungssprünge passen perfekt.

So hinterläßt die funkelnagelneue GSX-R 750 einen etwas zwiespältigen Eindruck: Zum einen ein echter Rennmotor mit spitzer Leistungscharakteristik und ebenso rennmäßigen Fahrleistungen, zum anderen ein handliches, aber im Highspeed-Bereich für Fahrwerksunruhen anfälliges Leichtmetall-Chassis. Wahre Sportsfreunde unter den Motorradfahrern wissen sich aber zu helfen. Schließlich bedarf auch jede Rennmaschine einer gewissen Zuneigung in Form von Verbesserungen. Andere Tragfedern für die Gabel von Wirth oder White Power, anderes Gabelöl, exaktes Einstellen des Lagerspiels in Lenkkopf und Schwinge sowie eine stabilitätsfördernde Gabelbrücke über dem Vorder-

GSX-R 750 R Special Edition: Rennmaschine pur

Ende 1985/Anfang 1986 erscheint die von der Basis-GSX-R abgeleitete Sportversion für Privatfahrer und deren Straßenkollegen, denen die Sportlichkeit der normalen Variante noch nicht ausreicht. Die auf 200 Exemplare limitierte und daher so getaufte Special Edition unterscheidet sich schon auf den ersten Blick durch ihre dunkelblau-weiß-rote Lackierung. Unter der Kunststoffhülle erkennt man

die renngerechte, hinter einem Gitter bei laufendem Motor vor sich hinrasselnde Trockenkupplung. Ansonsten sind die Motoren absolut identisch.

Die Änderungen am Fahrwerk sind da schon umfangreicher. Die Special Edition hat ein Federbein mit anderer Federrate und Ausgleichsbehälter, dessen Stickstoffüllung unter einem Druck von 15 Bar steht und das Aufschäumen des Dämpferöls bei harter Beanspruchung verhindern soll. Die Teleskopgabel stammt von der brandneuen, Ende 1985 präsentierten und 1986 erstmals verkauften GSX-R 1100 und hat ein elektrisch angesteuertes Anti-Dive sowie einen Lenkungsdämpfer. Der Rahmen blieb hingegen absolut gleich. Weitere sportliche Zutaten sind vielmehr die 310-Millimeter-Bremsscheiben vorne, die ebenfalls von der neuen 1100er

stammen. Die etwas dicker gepolsterte Einmann-Höckersitzbank erhöht die Sitzhöhe von 780 auf 800 Millimeter. Die Beine müssen nun nicht mehr so stark angewinkelt werden, die Sitzposition ist etwas entspannter. Außerdem besitzt die limitierte Ausgabe der GSX-R einen Kettenschutz und Fußrastenschutzbleche aus Aluminium. Das Gewicht liegt mit 199 Kilo exakt zwei Kilo niedriger als bei der normalen GSX-R.

So gerüstet, stellt die Special Edition im Langstrecken-Rennsport ihr Können unter Beweis. Nach eingehender Kur beim Suzuki-Endurance-Team France erreicht die Special Edition unter den Fittichen von Teamchef Dominique Méliand bei ihrem Debüt in Le Mans auf Anhieb Platz eins und zwei. In der Basisausführung wären diese Erfolge allerdings kaum möglich gewesen, denn die Ma-

Altmeister auf betagtem Motorrad: Als Metzeler-Rennleiter Helmut Dähne die Suzuki GSX-R 750 R bei den Rennen zur Deutschen Serienmaschinen-Meisterschaft einsetzt – 1989 – ist diese Maschine bereits vier Jahre alt. Dähne erzielt dennoch viele gute Plazierungen, denn die Maschine ist – verglichen mit damals aktuellen 750er Sportmaschinen – sehr leicht.

schine ist mit 226 km/h Höchstgeschwindigkeit und 3,8 Sekunden Beschleunigung von null auf hundert km/h gar nicht beziehungsweise nur geringfügig schneller. Die gezielte Ausarbeitung der Talente eines solchen Motorrads macht eben die wahre Stärke eines Rennteams aus. Doch als Basis mit guten Grundanlagen ist die Special Edition vorzüglich geeignet.

GSX-R 750 G/H: Die Renovierte

Suzukis Wunderwaffe im Kampf um Marktanteile bei den sportlichen 750ern ist schon im ersten Ver-

kaufsjahr sehr erfolgreich. Doch auch die Suzuki-Mannen sind sich darüber im klaren, daß die Konkurrenz nicht schläft und Yamahas FZ 750, die im gleichen Jahr auf die deutschen Straßen kommt, manches besser kann. Tests zeigen, daß die Suzi vor allem hinsichtlich des Fahrverhaltens bei hohen Geschwindigkeiten ins Hintertreffen gerät. Die ausgeprägte Pendelneigung über 200 km/h paßt nicht zu den übrigen Anlagen und dem supersportlichen Image. Es wird schnell klar, daß das Leichtbau-Fahrwerk sehr sensibel auf unpräzise Einstellung von Lenkkopf- und Schwingenlagern reagiert. Auch abgefahrene Reifen bringen die Maschine schon früh ins Wanken. Die Reifenkombination Metzeler ME 33 (Laser) vorne und ein ME 99 A beziehungsweise ME 1 hinten können solchen unangenehmen Überraschungen ein wenig vorbeugen, sie aber nicht vollkommen ausschließen.

Schnell wird deutlich, daß die Reifen einer der kritischen Punkte am Fahrwerk sind, und so rüstet man die '86er GSX-R mit neuentwickelten Bridgestone-Radialreifen aus. Weiterhin ziehen die Suzuki-Techniker das Verkleidungsunterteil weiter nach vorne in den Windschatten des Vorderrads, um so Auftriebstendenzen entgegenzuwirken. Durch die stark nach vorn unten gezogene Wölbung erzielt man gleichzeitig einen gewissen Grad an Anpreßdruck, der zwar gering ausfallen, sich im Fahrverhalten aber unter Umständen entscheidend auswirken dürfte. Außerdem wächst wie bei der schon 1985 präsentierten GSX-R 750 R Special Edition die Länge der Schwinge um 25 Millimeter, so daß sich zugunsten eines besseren Geradeauslaufs ein Radstand von 1.455 Millimetern ergibt. Last but not least setzt man hinten nun auf ein Zentralfederbein mit geänderter Federrate.

Die Summe dieser Maßnahmen macht den Erfolg aus. Die GSX-R 750 läuft nun auch bei Highspeed sauber geradeaus, ohne sich an Fahrbahnabsätzen aufzuschaukeln. An Querfugen und Längsrillen

29

geht zwar ein Rucken durchs Fahrwerk, das aber sofort wieder abklingt. In punkto Handlichkeit steht die Neue dem Vorjahresmodell trotz des längeren Radstands und des um fünf Kilo höheren Gewichts nicht nach, auch sie läßt sich wunderbar leicht im Stil einer waschechten Rennmaschine um Kehren treiben.

Wenn allerdings eine der Fahrwerkskomponenten ausgetauscht oder vernachlässigt wird, kann das alte Leiden wieder ausbrechen. Fahrversuche bei MOTORRAD zeigen, daß vor allem die neuen Radialreifen großen Anteil am verbesserten Fahrverhalten haben. Man montiert die alten Diagonalpneus des Vorjahres, und schon legt der Fahrer

wieder sein Gesicht in Sorgenfalten, denn die Suzuki schaukelt sich bei Geschwindigkeiten oberhalb von 200 km/h erneut auf.

Weniger Sorgen muß sich der Fahrer wegen des Motors machen. Der blieb nämlich gleich. Nur die Mechanik der Vergaserbatterie wurde geändert, um das lästige und zudem gefährliche Nachlaufen des Motors beim Gaszumachen zu unterbinden – die flachen Gasschieber der '85er Modelle schlossen nicht schnell genug den Ansaugschlund.

Gleichgeblieben sind hingegen die vorzüglich verzögernden Bremsen. Immer noch straff zeigt sich das Fahrwerk, weder Telegabel vorne noch Zentralfederbein hinten können Komfortbewußtsein

Am Richtung Vorderrad vorgezogenen Verkleidungsbug erkennt man die zweite Version der GSX-R auf den ersten Blick. Die von der größeren 1100er stammende Verschalung läßt die leichte Maschine bei hohem Tempo besser geradeauslaufen.

**Bis auf Details – der
21-Liter-Tank zum Bei-
spiel – unterscheidet sich
die '86er GSX-R 750 von
ihrem Vorgängermodell
nicht.**

GSX·R750

vermitteln. Aber GSX-R-Fahrer wissen, daß sie eine Sportlerin und keine Sänfte erworben haben. Das gilt auch für das 1987 erscheinende Modell mit dem Code-Kürzel H, das aufgrund einiger geringfügiger Detailänderungen – wie etwa der 21-Liter-Tank – nun 208 Kilogramm auf die Waage bringt.

Beiden gemein sind die unzureichenden Rückspiegel an der Verkleidung mit zu kurzen Auslegerarmen und der etwas versteckt liegende Benzinhahn. Als klarer Fortschritt erweist sich hingegen der neue Blinkerschalter mit Rückstellung auf Knopfdruck, der alte mußte noch per Daumen in seine Ursprungsposition umgelegt werden.

Im großen und ganzen ist die GSX-R gezielt verbessert worden. Die Techniker in Hamamatsu haben der Hypersportlerin mit ein paar Kniffen fahrwerkstechnisch auf die Sprünge geholfen und die Kinderkrankheiten des ersten Modelljahres abgestellt. Damit spielt die Suzuki wieder mit die erste Geige im Reigen der supersportlichen 750er. Doch die Konkurrenz in der 750er Klasse allgemein wird nicht kleiner, neben Yamaha mit der FZ 750 hat nun auch Honda mit der VFR 750 F ein heißes Eisen im Feuer. An die Replica-Aura der GSX-R 750 reicht jedoch keine der beiden heran.

GSX-R 750 J/K: Der Ultrakurzhuber

Die immer lauter werdende Kritik hinsichtlich der Hochgeschwindigkeitslabilität und die immer stärker aufrückende Konkurrenz bei den Supersportlern zwingt die Suzuki-Mannen, eine neue, überarbeitete GSX-R 750 zu entwickeln und gegen Ende 1987 der Weltöffentlichkeit zu präsentieren. Mit vielen kleineren Ungereimtheiten bezüglich der Alltagstauglichkeit können sportliche Fahrer ja durchaus leben – eben das macht ja den Charakter der GSX-R aus –, doch die Instabilität des Fahrwerks bei hohen Tempi paßt nicht zu einem so konsequent sportlich ausgelegten Motorrad.

Bereits im November 1987 erscheinen in der deutschen Motorradpresse die ersten Fotos und Fahrberichte über den superschnellen Pfeil aus Hamamatsu. Das Bike ist eine völlige Neukonstruktion. Den seit jeher bemängelten Fahrwerksschwächen begegnen die Suzuki-Techniker mit einer Rahmenkonstruktion, die zwar weiterhin auf das Doppelschleifenkonzept zurückgreift, zum Großteil aber nun aus verwindungssteifen Schmiede- und Gußteilen besteht. Lediglich die Rohrverbindungen vom Lenkkopf bis zum Luftfilterkasten, die Rahmenunterzüge und die Hinterbaustreben sind noch aus konventionellem Vierkantrohr-Material.

Auch die Geometrie wurde geändert. Der 65 Grad steile Lenkkopfwinkel und 99 Millimeter Nachlauf (alt: 64 Grad, 107 Millimeter) sowie die nun 17 Zoll messenden Leichtmetall-Gußräder zeichnen für größere Handlichkeit verantwortlich. Auch die Gewichtsverteilung wurde merklich verbessert. Ein nach unten gerückter Schwerpunkt und die bessere Ausbalancierung von Vorder- und Hinterbau er-

leichtern vor allem in engen Kehren das Handling. Das spürt man nicht nur auf der Rennstrecke, sondern auch auf der Landstraße. Hinzu kommt, daß Feder- und Dämpferelemente wesentlich besser und komfortabler arbeiten als im Vorgängermodell. An der Gabel mit 43 Millimetern Standrohrdurchmesser findet sich auch erstmals eine Dämpferverstellung, die sowohl in Zug- wie in Druckstufe reguliert werden kann. In Verbindung mit dem hinteren Federbein an der Full-Floater-Schwinge mit Umlenkhebeln kann das Fahrwerk auf jeden Kurs beziehungsweise auf jeden Fahrer eingestellt werden. Auch Bodenwellen in Kurven sind mit dem sensibel ansprechenden und ordentlich dämpfenden Fahrwerk kein Problem mehr.

Wird auf der folgenden Geraden wieder Gas gegeben, muß der Pilot sich nun nicht mehr auf kamikazeähnliche Pendelbewegungen bei hoher Geschwindigkeit einstellen. Nur wenn der Fahrer eingangs einer Kehre in die Bremsen steigt, hält die GSX-R eine kleine Überraschung parat: Wegen der 17zölligen breiten Pneus verspürt der Pilot beim Betätigen der sehr gut wirkenden Nissin-Doppel-

Fast kein Stein auf dem anderen ließen die Suzuki-Techniker bei Kiellegung der '87er GSX-R 750. Die »J« kommt mit einem vollständig neuen Fahrwerk und einem deutlich kurzhubigeren Motor, dem allerdings das Durchzugsvermögen fehlt.

Das neue Fahrwerk besteht zwar nach wie vor aus Aluminium, ist jedoch deutlich massiver dimensioniert, was zwar endlich für ordentliche Fahrstabilität sorgt, aber auch das Gesamtgewicht in die Höhe treibt.

scheiben-Bremsanlage vorn ein deutliches Aufstellmoment, an das sich wenig Rennerprobte erst gewöhnen müssen. Kritisch wird diese Aufstellneigung aber nie. Dafür schiebt man nun auch mehr Gummi in Form von Michelin-Radialreifen auf 3,5- beziehungsweise 4,5-Zoll-Felgen über die Straße, das sich um so wirkungsvoller in den Asphalt krallen kann.

Seine Krallen zeigt auch der Motor, der mit etlichen überarbeiteten und neuen Details aufwarten kann, die sowohl Standfestigkeit als auch Leistungsfähigkeit verbessern sollen. Einschneidendste Veränderung ist das geänderte Bohrungs-Hubverhältnis,

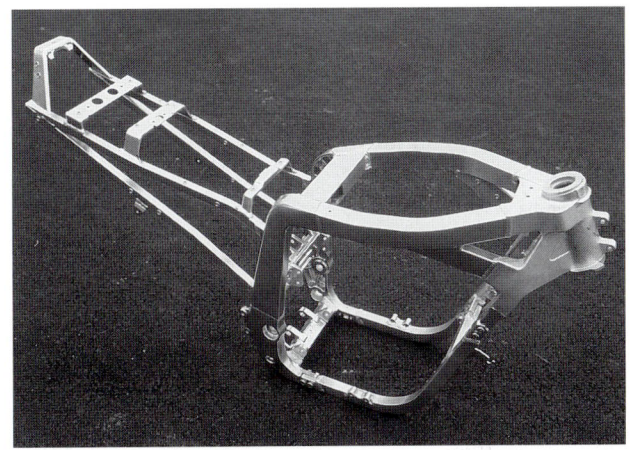

Suzuki-Deutschland-Vertragsfahrer Ernst Gschwender mit der »J« im Veedol-S des Nürburgring-Grand-Prix-Kurses. Mit der Rennversion dieser Maschine gelingt dem Texaner Kevin Schwantz sein Sieg bei den 200 Meilen von Daytona.

Die hier gezeigte »K«
unterscheidet sich vom
Vorgängermodell »J«
praktisch nur durch die
Lackierung und die
Chrom-Ummantelung der
Auspuffendrohre.

das nun 73 x 44,72 Millimeter beträgt (früher: 70 x 48,7 mm). Dadurch werden größere Ventilquerschnitte realisierbar (Einlaß: 28,3 mm, Auslaß: 25 mm; früher 26/24 mm), die wiederum einem besseren Gasdurchsatz und höherer Spitzenleistung zugute kommen. Gleichzeitig wuchs auch der Ventilhub, und Schlepphebel und Kurbelwelle gerieten deutlich leichter.

Den durch den kurzen Hub zumindest theoretisch schlechteren Durchzugseigenschaften begegnen die Suzuki-Techniker mit einer neuen Vergaserbatterie, die als Slingshot-Ausführung bezeichnet wird und im Querschnitt 36 Millimeter mißt. Die Gasschieber sind zum Luftfilterkasten hin wie ein Flachschieber, zu den Ventilen hin wie ein Rundschieber geformt. Betätigt werden diese Schieber

per Unterdruck, das heißt, daß eine Drosselklappe im Ansaugtrakt vom Gaszug betätigt wird und für den entsprechenden Unterdruck sorgt, der den in eine Membrane eingegossenen Gasschieber nach oben rücken und so den Ansaugweg freigeben läßt. Vorteil dieser Konstruktion sind besseres Ansprechverhalten und gleichmäßigere Kraftentfaltung bei leichtgängiger und damit dosierter Betätigung des Gasgriffes.

Für gute Zylinderfüllung sorgt unter anderem auch eine Luftzuführung, die rechts neben dem Doppelscheinwerfer durch ein eingelassenes Loch in der Verkleidungsschale kühlen Fahrtwind einfächert. Die Öffnung links vom Scheinwerfer leitet Kühlluft in den Bereich um die Slingshot-Vergaser.

Eine Vier-in-zwei-Auspuffanlage mit großem Volumen soll weiterhin das vermeintliche Defizit des Kurzhubers im Durchzug kompensieren helfen. In der Praxis zeigt sich, daß der neue Motor deutlich besser am Gas hängt und zudem nicht mehr das charakteristische Leistungsloch zwischen 5.000 und 7.000 Touren an den Tag legt. Schon bei 3.000 U/min kann das Gas aufgemacht werden, und die Suzuki zieht gleichmäßig ohne Leistungsloch nach oben, um dann bei etwa 7.000 U/min ihre schon vom Vorgängermodell her bekannte Leistungsfähigkeit und Drehfreude unter Beweis zu stellen.

Trotz der kurzhubigen Auslegung ist das Drehzahlniveau bei Höchstleistung und im Bereich des maximalen Drehmoments geringfügig gefallen. Im Fahrbetrieb verlangt die GSX-R zum flotten Vorankommen jedoch schon nach hohen Drehzahlen, was allerdings ganz dem Stil einer Rennmaschine nahekommt. Von der hat die Neue auch einen neuen Kühlöl-Kreislauf mit größerem Volumen geerbt. Der Ölkühler ist nun deutlich gewachsen und hat fast die Dimension eines Wasserkühlers angenommen.

Alles in allem ist die neue GSX-R 750 aber ein waschechtes Sportmotorrad geblieben, das durch gezielte Überarbeitung nun mit deutlich mehr Alltagstauglichkeit und besserer Fahrstabilität aufwarten kann. Die Sitzhaltung ist dennoch nichts für Sportfahrer mit touristischen Ambitionen, die Verkleidung bietet zudem lediglich in geduckter Haltung einigermaßen Wind- und Wetterschutz.

Der neukonstruierte Motor ist stark rennorientiert und verhilft Suzuki und dem Texaner Kevin Schwantz 1988 zum ersten Sieg bei den 200 Meilen von Daytona. Auf den ersten zehn Plätzen sind insgesamt sieben GSX-Rs plaziert – ein toller Erfolg. Obwohl sich auch in fast allen erscheinenden Testberichten der Fachpresse ungetrübtes Lob über die neue Antriebsquelle breitmacht, wird Suzuki schon ein Jahr später bei der eingeführten R-Version und 1990 beim neuen L-Modell wieder auf

das alte Bohrungs-Hubverhältnis zurückgreifen. Scheinbar sind die 44,72 Millimeter Hub doch des Guten zuviel. Die Drehfreude geht damit allzu sehr auf Kosten eines guten und nicht nur in manchen Verkehrs-, sondern auch Rennsituationen entscheidenden Durchzugs. Mit dem alten Bohrungs-Hubverhältnis wäre bei gezielter Überarbeitung mehr dringewesen, das zeigt die 1990 erscheinende L-Version.

Gelegentlich haben sich Besitzer einer '88er GSX-R auch mit Materialausbrüchen an den Nockenwellen rumzuärgern. Das ärgert auch den Hersteller Suzuki selbst, und man wechselt den Zulieferer. Danach ist Ruhe.

Das J- und auch das nachfolgende, weitgehend baugleiche K-Modell schaffen aber gerade in fahrwerkstechnischer Hinsicht den großen Durchbruch für die GSX-R-Generation und setzen mit ihrem leichten Handling und der hohen Fahrstabilität neue Maßstäbe, an der sich auch die Konkurrenz in den folgenden Jahren messen lassen muß. Für den Tanz auf der Rennstrecke gehört die Suzuki jedenfalls immer noch zur absoluten Elite unter den Straßensportlern.

GSX-R 750 R K: Scharfe Klinge

Suzukis supersportliches GSX-R-Image ist nicht zuletzt durch den Daytona-Sieg von Kevin Schwantz 1988 wieder mächtig aufpoliert worden. Das ist auch nötig, haben doch die Vorgängermodelle gegenüber der Konkurrenz allmählich immer mehr an Boden verloren. Auf der IFMA desselben Jahres rechnen eigentlich viele mit einer speziellen Racing-Version des neuen Modells, doch sie werden enttäuscht. Die steht dann aber im November auf dem Pariser Salon am Stand von Suzuki France. Auch in Frankreich sind die GSX-Rs nämlich sehr beliebt und verkaufen sich gut, so daß

Aus dem Basis-Motor GSX-R 750 – also mit dem längeren Hub – und dem modifizierten Fahrgestell der »K« kombiniert Suzuki die GSX-R 750 R, das Basismodell für die Superbike-Rennmaschinen.

man dem französischen Importeur die Präsentation der neuen GSX-R 750 R vorbehält.

Auf den ersten Blick ähnelt die Maschine sehr stark der normalen Serienversion, nur der Einmannhöcker mit dem roten Startnummernfeld macht den Unterschied deutlich. Bei näherem Hinsehen erkennt man jedoch eine verstärkte Hinterradschwinge im Stil der Suzuki-Werksrenner, die über ein Umlenkhebelsystem das neue Rennfederbein betätigt. Der bekannte Doppelschleifenrahmen aus Leichtmetall ist eine Mischung aus 750er und 1100er Elementen – die brandneue GSX-R 1100 erscheint ebenfalls 1989. Veränderungen nahm man am angeschraubten und nun kürzeren Heckteil vor, Rahmengeometrie und Layout sind ansonsten mit der 1100er Serie identisch.

Weiter fallen ein langhubiger, parallel zum Rahmen verlaufender Lenkungsdämpfer und eine Doppelscheiben-Bremsanlage von Nissin mit geschlitzten Scheiben auf, die ebenfalls von der neuen GSX-R 1100 stammt. Am Hinterrad verwendet Suzuki eine 5,5 Zoll breite Felge (GSX-R 750 J: 4,5 Zoll), die dem 170er Reifen mehr Aufstandsfläche verleiht.

Der einschneidendste Unterschied zur Serien-750er findet sich aber im Motor. Nachdem auch Rennfahrer mit dem neuen Kurzhubmotor des J-Modells nie so recht glücklich wurden, entschied sich Suzuki bei der R-Version wieder für das alte Maß der Vorgängermodelle von 70 x 48,7 Millimetern. Leistung im oberen Drehzahlbereich und Drehfreude will man hier mit anderen Mitteln erreichen, die einen Kompromiß zur Durchzugskraft bei

40 Millimeter im Durchmesser messen die vier Vergaser der »R«. Diese Modifikation zielt vor allem auf eine gute Leistungsausbeute bei den Rennversionen.

unteren und mittleren Drehzahlen darstellen. Eine neue Vergaserbatterie mit um 40 Millimeter weit aufgerissenen Ansaugschlünden soll die TSCC-Brennräume mit jede Menge Benzin-Luft-Gemisch versorgen. Gleichzeitig wurde der Zylinderkopf gezielt überarbeitet. Nach Demontage des superleichten Magnesium-Ventildeckels erkennt man Nockenwellen mit schärferen Steuerzeiten und Ventilfederteller aus Leichtmetall. Hinzu kommen größere Ventile mit 27 Millimetern Durchmesser auf der Einlaß- und 25 Millimetern Durchmesser auf der Auslaßseite. Kleine 10-Millimeter-Zündkerzen sorgen für den Zündfunken. Die Kurbelwelle ist zirka 800 Gramm leichter als das Serienteil. Die Pleuel werden nun mit Schrauben in dem am Pleuelfuß eingeschnittenen Gewinde verschraubt, in der Serie geschieht dies mittels Muttern an Stehbolzen. Das neue Gewinde im Pleuelfuß ist stärker dimensioniert.

Um im Renneinsatz mehr Schräglage zu ermöglichen und gleichzeitig Gewicht zu sparen, ging man

bei der R-Version wieder zurück zur Vier-in-eins-Auspuffanlage, die aber deutlich mehr Volumen aufweist als bei früheren GSX-R-Exemplaren. Der höheren Belastung im Rennbetrieb wird durch ein erweitertes Kühlsystem Rechnung getragen. Die R hat sogar zwei Kühler. Der Hauptkühler fällt gegenüber dem J-Modell deutlich größer aus und schmiegt sich in gebogener Form vor die beiden Rahmenunterzüge. Dadurch wird nochmals eine größere Kühlfläche erreicht. Direkt unterhalb des Hauptkühlers ist ein weiterer kleiner Ölkühler montiert, der im Gesamtkreislauf unmittelbar vor die Steigleitungen zum Zylinderkopf geschaltet wurde. Damit dürfte Überhitzungsproblemen im Rennbetrieb ausreichend vorgebeugt sein. Allerdings gerät das anfangs als leichteste Kühllösung propagierte Luft-/Ölkonzept allmählich immer schwerer, und der Vorteil gegenüber einer Wasserkühlung schmelzt immer weiter dahin. Da können das nun wegen des Einmannhöckers leichtere Rahmenheck, der 19 Liter fassende Alutank und die kleine

Die »R« verfügt über einen links angebrachten, nicht einstellbaren Lenkungsdämpfer, der Tank wird aus Aluminium gefertigt.

10-Ah-Batterie nur wenig drüber hinwegtrösten. Die Nadel der Waage pendelt sich bei 224 Kilo ein, das sind immerhin 50 Pfunde mehr als bei der ersten R mit Beinamen Special Edition.

Auch die GSX-R 750 R gibt's nämlich in limitierter Auflage. Nur 1.000 Stück sollen davon weltweit verkauft werden. Das reicht aus, um den Homologationsbestimmungen für die Superbike-Serie zu entsprechen. 150 Exemplare dieser Kleinserie holt der deutsche Importeur nach Heppenheim, um sie unters Renn- und Sportfahrervolk zu bringen. 23.990 Mark muß der Kunde mitbringen, um eine R-Version sein eigen nennen zu dürfen. Rennpiloten können ihr Basisgerät mit weiteren Racing-Teilen wie Trockenkupplung (5.800 Mark), schärferen Nockenwellen (800 Mark), Kolben mit höherer Verdichtung (2.000 Mark), Flachschiebervergasern (12.000 Mark) und einer Rennauspuffanlage (ab 5.000 Mark) aufrüsten. 135 PS werden bei dieser Leistungskur angepeilt.

Für den sportlichen Straßenfahrer lohnt die Mehr-Investition gegenüber dem Serienmodell kaum. Vor allem das ein Jahr später erscheinende L-Modell der GSX-R 750 ist da die bessere Wahl. Denn die auf 100 PS homologierte deutsche R läuft im mittleren Drehzahlbereich und kurz vor Erreichen des roten Bereichs nur sehr zäh. Dies und das rennmäßig abgestufte Getriebe mit deutlich länger übersetztem ersten, zweiten und dritten Gang ergibt ein schmales nutzbares Drehzahlband. Der Fahrspaß vor allem auf kurvenreichen Bergstraßen bleibt damit förmlich auf der Strecke.

Hinzu kommt die unkomfortable, rennmäßige Sitzposition mit hoch angebrachten Fußrasten und niedrig angeschellten Lenkerstummeln, die im normalen Straßenverkehr schnell zur Qual wird. Aber auch das Fahrverhalten verdient nicht uneingeschränktes Lob. Vor allem auf der Rennstrecke hinterläßt die Doppel-R einen teigigen und unpräzisen Eindruck, Kurskorrekturen beim Bremsen in

Schräglage gehören wegen der breiten Reifen zum Standardrepertoire eines R-Piloten. Auch der Druckpunkt der vorderen Doppelscheibenanlage ist ungenau definiert, hier schaffen Stahlflexer-Bremsleitungen aus dem Zubehörhandel Abhilfe. Das exzellente Handling ist aber nach wie vor eine der Stärken der GSX-R 750 R. Ohne großen Kraftaufwand läßt sich die Maschine umlegen und verschafft sich trotz des nominell höheren Gewichts gegenüber der ersten Special Edition deutliche Vorteile.

Die GSX-R 750 R zählt heute zu den begehrtesten GSX-R-Modellen mit Luft-/Ölkühlung. Die unbestreitbar guten Anlagen für den Rennbetrieb überzeugen sportliche Fahrer, die Schwächen der Basisausstattung lassen sich mit ein paar gezielten Handgriffen und entsprechender Material-Überarbeitung oder Ersatz durch Elemente aus dem Zubehörhandel ausmerzen. Auch dem Motor kann

Der inzwischen leider tödlich verunglückte Suzuki-Vertragsfahrer Klaus Liegibel versucht sich in der Deutschen Serienmaschinen-Meisterschaft mit der »R«, greift aber schon bald wieder auf die kurioserweise schnellere Basisversion zurück.

durch Entdrosselung auf volle 120 PS (nachfolgende Einzelabnahme beim TÜV nötig) und gezielter Vergaserabstimmung etwas auf die Sprünge geholfen werden. Wer eine echte und zudem rare Renn-Replica mit viel sportlicher Ausstrahlung sucht, dürfte mit der R gut bedient sein. Der Durchschnittsfahrer findet im 1990 erscheinenden L-Modell die geeignetere Begleiterin.

GSX-R 750 L: Sportlerin im Umbruch

Schon die 1989 erschienene R-Version der GSX-R 750 deutet erneute Veränderungen an. Der ultrakurzhubige Motor konnte sich weder im Rennsport noch auf der Straße letztendlich durchsetzen und wird wieder in die hintersten Regale zurückgelegt.

Stattdessen greift man auf das alte Bohrungs-Hubverhältnis von 70 x 48,7 Millimetern zurück und nimmt praktisch den '87er GSX-R-Motor als Basis für die Weiterentwicklung. Schon bei der R deutet sich aber im Rennbetrieb an, daß der luft-/ölgekühlte Motor langsam an seine Belastungsgrenzen stößt. Viele Rennteams der Serienklasse klagen über thermische Probleme in der 100-PS-Version.

Ein Jahr nach Erscheinen der R kommt auch die neue L-Variante der Basis-GSX-R mit dem alten Bohrungs-Hubverhältnis. Die Vergaserbatterie ist nun im Durchmesser auf 38 Millimeter angewachsen. Hinzu kommen geänderte Kanäle, kleinere Ventildurchmesser (Einlaß: 27 mm, Auslaß: 24 mm; J/K: 28,3 mm; 25 mm), andere Steuerzeiten, anderer Ventilhub auf der Auslaßseite sowie Pleuel, die wie bei der R per Schrauben am Pleuelfuß befe-

Mit dem »ersten« GSX-R-750-Motor und einem überarbeiteten Fahrwerk mit Upside-Down-Gabel kommt 1990 die GSX-R 750 L.

stigt werden. Die Kupplung hat nun wie schon bis zum H-Modell wieder sechs Druckfedern, im J/K-Modell waren hingegen nur vier Druckfedern verbaut. Geerbt hat die '90er Basisversion auch den gebogenen Hauptölkühler der R mit größerer Kühlfläche. Schräglagenfreundlich ganz dicht am Rahmen verläuft die neue Vier-in-eins-Auspuffanlage aus Edelstahl.

Aber auch fahrwerkstechnisch macht das L-Modell nochmals einen großen Sprung nach vorn. Das Vorderrad wird nun nicht mehr von einer konventionellen Telegabel geführt, sondern von einem exklusiven Upside-down-Federelement, das bis vor kurzem noch Suzuki-GP-Star Kevin Schwantz vorbehalten war. Dabei handelt es sich praktisch um eine auf den Kopf gestellte Gabel, bei der die ursprünglichen Tauchrohre nun als Standrohre von den massiven Gabelbrücken geklemmt werden und die ursprünglichen Standrohre unten an einer angegossenen Aufnahme die Achse sowie die Bremssättel halten. Der Vorteil dieser Konstruktion liegt nicht – wie viele vielleicht annehmen – in der Verringerung der ungefederten Massen. Im Gegenteil: Die ungefederten Massen nehmen sogar zu. Vielmehr ist die gesamte Frontpartie im Bereich der Gabelbrücken wesentlich stabiler geworden und verwindet sich nicht mehr so leicht. Das spürt man vor allem beim Bremsen.

Außerdem überlappen bei einer Upside-down-Gabel Standrohre und Gleitrohre (Tauchrohre) stärker, so daß ein geringeres Biegemoment auftritt und die Rohre gegeneinander weniger verkanten. Die Gabeldichtringe sind bei der Neuen außerdem in eine flexibel gelagerte Buchse gepreßt, so daß sie sich immer der Belastung entsprechend im Tauchrohr zentrisch ausrichten können.

Wesentlich dringlicher war aber die Nachbesserung an der Hinterradschwinge. Aufgrund großer Fertigungstoleranzen bei der Passung fürs Schwingenlager war der Rahmen bei vielen GSX-Rs stark

Die neue Upside-Down-Gabel läßt sich sowohl in der Federvorspannung als auch in Dämpfer-Druck- und Zugstufe verstellen.

verspannt, was zu Fahrwerksunruhen führte. Die Suzuki-Werkstätten behalfen sich durch peinlichst genaues Ausdistanzieren mit Unterlegscheiben. Das hat nun ein Ende. Ein Stahleinsatz mit Gewinde im linken Auge der Schwingenachsaufnahme ermöglicht nun die genaue und spannungsfreie Angleichung von Rahmen- und Schwingenbreite.

Auch an der Hinterradaufnahme hat sich etwas getan. Vorbei sind die Zeiten, als Suzuki-Fahrer beim Radwechsel grundsätzlich einen Helfer sowie filigrane und äußerst flexible Fingerglieder benötigten. Die Spanner erinnern im Aussehen an die gute alte Zeit und bleiben auch nach Demontage des Hinterrads an der Schwinge. Nur der fehlende Hauptständer macht wie bei fast allen anderen Sportlern den Hinterradausbau ohne Montageständer zur Tortur.

Wie bereits an der R-Version von 1989 hat das L-Modell einen parallel zum Rahmen verlaufenden Lenkungsdämpfer und eine 5,5 Zoll breite Hinterradfelge für mehr Aufstellfläche des neuen 170er

Hinterradreifens. Glücklicherweise verzichtet man vorn auf das 130er Pneu zugunsten eines schon im J-Modell verwendeten 120er Pendants. Die Bremsscheiben sind nun wie in der 1100er und dem R-Modell geschlitzt. Neu ist auch das Showa-Zentralfederbein mit Ausgleichsbehälter, nadelgelagerter Umlenkung, stufenloser Federbasiseinstellung, 17facher Zugstufen- und vierfacher Druckstufendämpfung. So läßt sich das Fahrwerk mit der ebenfalls rundum justierbaren Upside-down-Gabel perfekt auf Strecke und Fahrergewicht einstellen. Der Ausgleichsbehälter mit Stickstoffüllung verhindert gleichzeitig das Aufschäumen des Ölreservoirs bei harter Beanspruchung respektive scharfer Fahrweise.

Auch die Sitzhaltung wurde etwas komfortbetonter ausgelegt, die Lenkerstummel sind nun höher montiert. Die Schaltereinheiten sind übersichtlich angeordnet und lassen sich leicht bedienen. Nur der Chokeknopf ist weiterhin wenig praxisgerecht unmittelbar am Vergaser angebracht.

Ist der Motor einmal warm, kann man dem laufruhi-

gen Vierzylinder ordentlich die Sporen geben. Im unteren Drehzahlbereich spürt man zwar eine deutliche Steigerung gegenüber dem alten Kurzhubaggregat, dennoch handelt es sich aber auch bei der aktuellen GSX-R nicht gerade um ein Drehmomentwunder. Zumindest hat man nun im Alltag bei Fahrten in strömendem Regen nicht mehr das Problem – um hohe Drehzahlen und die Gefahr eines durchdrehenden Hinterrads zu meiden –, bei niedriger Drehzahl mit wenig Zug am Hinterrad eine unsaubere Linie zu fahren. Die Power unten heraus reicht aus, um die mittlerweile 232 Kilogramm schwere Suzuki sauber aus den Kurven herauszubeschleunigen.

Oberhalb von 7.000 U/min legt der Reihenvierer dann aber ordentlich zu und dreht locker bis hinauf zu 13.000 U/min. Das kommt sportlicher Fahrweise vor allem auf der Rennstrecke sehr entgegen. Beim Beschleunigen mißfällt allerdings das zwar exakte, aber etwas hart zu schaltende Getriebe. Dieses Phänomen gibt sich allerdings nach ein

paar tausend Kilometern bei den meisten GSX-Rs wieder.

Um mit der GSX-R anno 1990 auf dem Circuit aber richtig schnell fahren zu können, bedarf auch die Gabel einer Überarbeitung. Im normalen Straßenverkehr vom Feder- und Dämpfungsverhalten her durchaus ausreichend und schon fast komfortabel, schlägt sie auf dem Rennkurs allzu oft durch und verliert anschließend Bodenkontakt. Heftiges Stempeln ist die Folge. Das liegt zum einen an einer zu weich gewählten Federrate, zum anderen an einer zu laschen Zugstufendämpfung. Abhilfe schaffen zum Beispiel andere Tragfedern und qualitativ hochwertiges Dämpferöl von White Power.

Die Hinterhand hingegen verhält sich ausgesprochen ruhig. Das neue Federbein erfüllt die in es gesteckten Hoffnungen voll und ganz und macht auch bei harter Gangart nicht schlapp. Da darf dann auch schon mal ruhig das Verkleidungsunterteil über den Asphalt schleifen, die Suzi liegt satt und stoisch auf dem Asphalt. Der Lenkungsdämpfer erfüllt seinen Zweck und verhindert Lenkerschlagen. Die eng am Rahmen verlegte Auspuffanlage hat nun keinen Bodenkontakt mehr wie noch beim J-Modell. Will man solche Schräglagen auskosten, sollte man gleich auf die bestens mit dem Fahrwerk harmonierenden Dunlop-Sportmax-Reifen in Sportmischung zurückgreifen. Sie zeigen hervorragende Haftung auch bei harter Beanspruchung. Außerdem ist das Handling – schon seit jeher eine der Stärken des GSX-R-Fahrwerks – in Kurven nochmals deutlich besser geworden. Die Maschine zeigt trotz der fast nudelholzbreiten Bereifung kaum Aufstellneigung und nur geringe Eigenlenkkräfte. Schräglagenwechsel fallen für ein Motorrad dieses Kalibers absolut mühelos aus.

Unterm Strich ist aus der zwar charakterstarken, aber mit einigen unangenehmen Eigenheiten gesegneten GSX-R 750 bis zum Jahr 1990 ein rundum ausgewogenes Sportmotorrad geworden, das

im Straßenverkehr nun mit ordentlicher Leistungsentfaltung und gutem Fahrwerk begeistern kann. Für die Rennstrecke machen sich echte Freaks eh ans Eingemachte und werden das richtige Zusammenspiel zwischen renntauglichem Fahrwerk und bissigem sowie drehzahlhungrigem Motor mit etwas Fingerspitzengefühl auszuloten wissen. Konkurrenzlos ist nach wie vor der Preis – ein voll tauglicher Supersportler für 14.550 Mark ist zu Beginn der neunziger Jahre immer noch ein gutes Angebot. Auch auf dem Gebrauchtmarkt gehört die L- neben der M-Version zu den gefragtesten GSX-Rs. Klar, diese Modelle stellen nun mal die letzte Evolutionsstufe in der langen Ahnenreihe der GSX-R-Flotte dar und sind weitgehend unkompliziert. Bei richtiger Handhabung sind Laufleistungen von über 100.000 Kilometern keine Seltenheit, vorausgesetzt, der Fahrer hält sich an die Warmlaufphase und verlangt dem Motor währenddessen keine hohen Drehzahlen ab. Denn bis die 5,1 Liter Ölinhalt auf Betriebstemperatur sind, dauert's schon seine Zeit. Bei entsprechender Pflege und Bedienung erhält der Käufer aber eine Supersportmaschine, die

Neu bei der »L« ist auch die Verwendung einer Vier-in-Eins-Auspuffanlage, wie sie in ähnlicher Form schon bei der Ur-GSX-R zum Einsatz gekommen ist.

motor- wie fahrwerkstechnisch auf dem Stand der Zeit ist und zudem das Charisma eines echten Werksrenners bietet.

GSX-R 750 M: Die Windsbraut

Bereits ein Jahr nach Erscheinen der GSX-R 750 L folgt das Modell M. Zwar genießt die GSX-R in Sportfahrerkreisen immer noch einen guten Ruf und ist inzwischen zur Legende geworden, doch aus rein rennsportlicher Sicht gehört sie nicht mehr zur ersten Wahl. Wer sich als Rennfahrer vorgenommen hat, zu siegen und mit möglichst wenig Problemen und möglichst geringem finanziellen wie technischen Aufwand am Ende der Saison auf dem obersten Treppchen zu stehen, für den bieten sich bessere Alternativen. Vor allem Überhitzungsprobleme und die dadurch hervorgerufene starke Wärmeabstrahlung des Motors in Richtung Luftfilterkasten und Vergaserbatterie sowie die aufgrund des Doppelschleifenrahmens verschlungenen Ansaugwege kosten im harten Rennbetrieb Leistung. Im Alltag ist davon kaum etwas zu spüren, aber sportliche Motorräder verkaufen sich nun mal mit den Erfolgen ihrer Rennvorbilder imageträchtiger und besser.

So kommt es, daß in Insiderkreisen schon bei Erscheinen der M-Version 1991 von einer Neukonstruktion mit Wasserkühlung gemunkelt wird. Allerdings wird Suzuki seine Fans noch bis 1992 hinhalten und dann eine neue Maschine mit wassergekühltem Vierzylinder-Reihenmotor präsentieren, der weder optisch noch technisch allzu weit von der M-Ausgabe des luft-/ölgekühlten Aggregats entfernt ist.

Dennoch wartet auch die GSX-R 750 M anno 1991 schon mit einigen technischen Neuerungen auf, die dem bewährten Konzept noch einmal einen spürbaren Kick nach vorn geben. Das gilt auch für die Verkaufszahlen, denn in diesem Jahr verkauft der Importeur in Heppenheim knapp 3.000 Stück der aktuellen Ausgabe. Damit hat sich die M von allen GSX-Rs mit Abstand am besten verkauft. Vielleicht gerade deshalb, weil es sich um die letzte der legendären luft-/ölgekühlten Generation handelt, die mit den Jahren viele Freunde gefunden und zugleich Einfluß auf das übrige Modellprogramm der Suzuki-Flotte hat. Denn auch die GSX-F-Sporttourer mit 600 und 750 Kubik, die unverkleideten und verkleideten Tourer mit 1100 Kubik, die großen Einzylinder-Enduros sowie der 1400er Chopper Intruder (nur hinterer Zylinder luft-/ölgekühlt) sind mit dem bewährten SACS-System (Suzuki Advanced Cooling System) ausgestattet.

Der wichtigste, sprich augenfälligste Unterschied ist die neugestylte Verkleidungsschale im Stil der Langstrecken-Werksrenner. Sie wirkt insgesamt gedrungener, bietet weniger Stirnfläche und besitzt im Bereich der Verkleidungsnase eine Scheibe, die den Doppelscheinwerfer aerodynamisch integriert. Und tatsächlich geht die Neue ohne größere leistungssteigernde Maßnahmen am Motor ein paar km/h schneller. Die ebenfalls überarbeiteten und nun etwas breiteren Sitzbankseitenteile sollen laut Suzuki zur besseren Aerodynamik beitragen. Zudem sehen all die mutmaßlichen Widersacher der GSX-R nun oftmals nur noch ihre beiden quadratischen Rücklichter, die formschön in das Heckteil integriert wurden.

Auch der Motor erfuhr nur geringfügige Änderungen. Einschneidendster Unterschied ist die Umstellung von Gabelkipphebeln auf Einzelkipphebel zur Betätigung der vier Ventile pro Zylinder. Das erfordert zwar neue Nockenwellen mit der doppelten Anzahl Nocken, hat aber den Vorteil von geringeren bewegten Massen und damit besserer Drehzahlfestigkeit. Dazu tragen auch die härteren Ventilfedern der GSX-R 1100 bei. Das Ventilspiel wird nun mit Shims statt mit Einstellschrauben justiert, was die Wartungskosten in den meisten Fällen erhöht. Dafür verhindern die Einzelschlepphebel aber allzu leichte Pittingbildung, welche im Falle von Gabelschlepphebeln bei ungleichmäßigem Spiel eines Ventilpaares sehr leicht auftreten kann.

Im Fahrbetrieb wird deutlich, daß auch die Leistungsentfaltung der M-Version klar in Richtung Alltagsbetrieb weist. Zwischen 5.000 und 13.000 U/min steht ein breites nutzbares Drehzahlband zur Verfügung, mit dem es keine Probleme bereitet, im Straßenverkehr, aber auch auf der Rennstrecke flott voranzukommen. Dabei hat man die Einlaß- und Auslaßkanäle des '90er Modells für die M nochmals überarbeitet, was die zusätzliche Kraft im mittleren Drehzahlbereich ausmacht. Das voll einstellbare Fahrwerk hat in der M-Variante eindeutig die höchste Evolutionsstufe erreicht. Verbessert wurde dabei für 1991 noch einmal die Einstellung des Zentralfederbeins hinten, das sich nun in der Druckstufendämpfung nicht mehr von selbst verstellen kann, sondern nur noch per Schraubenzieher justierbar ist.

Die M-Version ist eindeutig die beste Interpretation des GSX-R-Themas. Trotz all der Detailverbesserungen kostet die M nur 340 Mark mehr als ihre Vorgängerin. Das ist ein faires Angebot. Wer sich heute nach einer gebrauchten GSX-R 750 umschaut, wird schnell merken, daß auch die Anhänger dieser Baureihe die M für die beste ihrer Art halten und den luft-/ölgekühlten Motor noch lange nicht zum alten Eisen zählen. Denn die Preise liegen oft noch weit über 10.000 Mark und damit na-

he am Niveau für gebrauchte wassergekühlte W-Modelle. In punkto Zuverlässigkeit jedenfalls erwarten den Käufer wohl kaum unangenehme Überraschungen. Es sei denn, der Vorbesitzer gehört zu jener Spezies Motorradfahrer, die beim Kaltstart an der Disco oder der Eisdiele gleich showträchtige Einlagen unter hohen Drehzahlen hinlegen müssen.

Die letzte ölgekühlte GSX-R 750 wird zur bestverkauften Maschine der gesamten Baureihe überhaupt. Der 750er Vierzylinder präsentiert sich wiederum in einer modifizierten Form mit Einzel- statt Gabelschlepphebeln im Zylinderkopf.

Noch eins drauf gelegt

ie 1985 erschienene 750er GSX-R hat eingeschlagen wie eine Bombe: leichtes Alufahrwerk, drehzahlhungriges Triebwerk mit Rennqualitäten und bissige Bremsen – das ist das richtige Rezept, um Mitte der achtziger Jahre großvolumige Supersportler an den Mann/die Frau zu bringen. Allerdings dürfte schon zur Markteinführung jedem Insider klar gewesen sein, daß Suzuki es nicht bei einer 750er belassen würde. Schließlich baut man ja schon seit Jahren Triebwerke mit weit über 1.000 Kubik, die sich im harten Alltag bereits bewährt haben. Warum also nicht eine GSX-R 1000 oder gar 1100?

GSX-R 1100 G/H/J: Big Bike in Reinkultur

Das supersportliche Konzept der GSX-R 750 scheint geradezu geeignet für ein starkes, noch hubraumstärkeres Big Bike. Schon beim Pariser Salon im Herbst 1985 werden die Vermutungen zur Gewißheit: Suzuki baut die GSX-R 1100 und bringt sie 1986 auf den Markt. Wer jetzt glaubt, bei dem neuen Motorrad handele es sich nur um eine Kopie der 750er mit hubraumstärkerem Motor, der sieht sich getäuscht. Die 1100er unterscheidet sich von ihrer 750er Schwester rundum in so vielen Details, daß man sie als Neukonstruktion sehen muß.

Das fängt an beim wunderschönen Leichtmetall-Doppelschleifenrahmen, dessen kräftiger dimensionierte Rahmenrohre schon auf den ersten Blick erkennbar sind. Gegenüber der 750er mit ihren quadratischen Rohrprofilen wählten die Techniker für die 1100er rechteckige und deutlich massivere Rohre. Der rechte Unterzug ist zur leichten Demontage des höherbauenden Triebwerks abschraubbar. Die Waage attestiert dem Rahmen der Dicken ein Mehrgewicht von gut vier Kilo (12,8 kg zu 8,1 kg der 750er). Auch die Schwinge ist wesentlich stabiler ausgelegt und mit neun Kilo Gewicht 3,5 Kilo schwerer als das Pendant der GSX-R 750 (5,5 kg). Schon aus diesen Zahlen kann man ersehen, daß die Suzuki-Techniker aus den Fahrwerksschwächen der 750er gelernt haben. Um auf Nummer sicher zu gehen, wählte man auch eine andere Fahrwerksgeometrie. Der Radstand wuchs auf 1.460 Millimeter an, Nachlauf und Lenkkopfwinkel betragen nun 116 Millimeter respektive 63,5 Grad (GSX-R 750: 107 mm, 64 Grad). Am Hinterrad arbeitet ein zentral angeordnetes und über eine Hebelei angelenktes Gasdruckfederbein mit externem Ausgleichsbehälter (Dämpfung vierfach, Federbasis stufenlos einstellbar), vorn eine bewährte Telegabel mit 41 Millimetern Standrohrdurchmesser. Hier registriert man auch eine weitere entscheidende Veränderung: Um Bremsnicken zu vermeiden, arbeitet an der Gabel ein neues, elektrisch angesteuertes Anti-Dive-System namens NEAS (New Electrically Activated Suspension System), das auch an der ebenfalls 1986 erscheinenden Limited Edition der GSX-R 750 Verwendung findet. Vorteile gegenüber einem mechanisch angesteuerten Bauteil ist die wesentlich schnellere Aktivierungszeit. Außerdem läßt sich der Aktivierungspunkt des

neuen Systems per Rändelrad in vier Stufen einstellen.

Wie die 750er rollt die 1100er auf 18-Zoll-Rädern, die für hohe Lenkpräzision und eine sauber zu fahrende Linie stehen. Vor allem mit den optionalen Dunlop-Pneus (alternativ: Bridgestone) stellt sich trotz der hohen Leistung von offen 130 PS und des hohen Drehmoments von über 100 Newtonmetern ein sicheres Fahrgefühl ein. Mit dazu bei tragen auch die neue Bremsanlage mit schwimmend gelagerten Bremsscheiben und Vierkolbenzangen vorn. Die gleiche Anlage findet auch an der bereits erwähnten 750er Limited Edition Verwendung. Sie begeistert durch tolle Bremsleistungen und hohe

Standfestigkeit bei harter Beanspruchung. Gefordert werden darf auch der Motor. In seinen Grundzügen mit dem 750er Aggregat identisch, birgt er doch einige Unterschiede im Detail. Die einteilige, gleitgelagerte Kurbelwelle hat 58 Millimeter Hub, also exakt 9,3 Millimeter mehr als die 750-Kubik-Version. Die Gewichtsersparnis an diesem Bauteil gegenüber der GSX 1100 EF beträgt sage und schreibe 1,7 Kilogramm. In Verbindung mit einer Bohrung von 76 Millimetern (GSX-R 750: 70 mm) ergibt sich ein Hubraum von exakt 1.052 Kubikzentimetern.

In den Brennräumen finden nun Ventile mit 28,5 Millimetern für den Einlaß und 25 Millimetern für

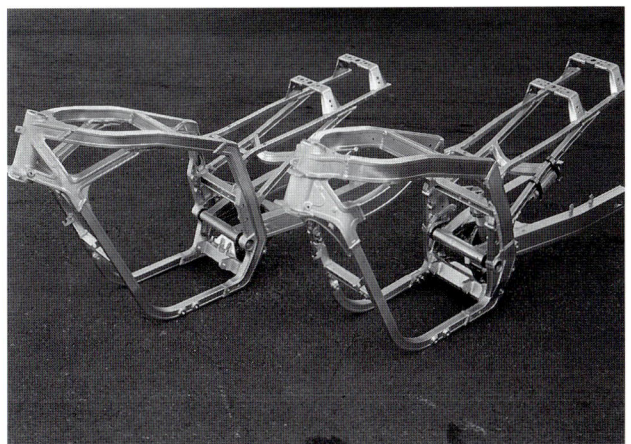

den Auslaß Platz (GSX-R 750: 26/24 mm). Beatmet werden Zylinderkopf und Brennraum von 34-Millimeter-Mikuni-Vergasern, schon in der von Suzuki später auch im 750er J-Modell verwendeten Slingshot-Ausführung mit »halbrundem Flachschieber«. Wie bei der 750er erfolgt die Ventilbetätigung über Gabelschlepphebel. Die Nockenwellen arbeiten in der 1100er allerdings mit schärferen Steuerzeiten und größerem Ventilhub.

Im Fahrbetrieb zeigt sich, daß das großvolumige GSX-R-Modell trotz »schärferen Nocken« im unteren Drehzahlbereich wesentlich mehr Power bietet als das hubraumschwächere Gegenstück. Zwischen 4.000 und 6.000 U/min sind es stets 20 bis 35 Pferde mehr, die bei der 1100er vorangaloppieren. Die Spitzenleistung in der offenen Version liegt bei 130 PS. In Deutschland bleiben davon gemäß Importeur-Agreement 100 PS übrig, die bereits bei 9.500 U/min erreicht werden. Das reicht aber immer noch aus, um mit der großen GSX-R der Konkurrenz die Socken auszuziehen. Mitverantwortlich dafür ist vor allem das niedrige Leergewicht von nur 225 Kilo, eine dieser entfesselten Pferdestärken muß also nur 2,25 Kilogramm Ballast mit sich herumschleppen. Das ist nicht viel für ein echtes Big Bike. Bei Hondas VF 1000 R beispielsweise ha-

ben die Pferdchen immerhin mit jeweils 2,72, also knapp 0,5 Kilo mehr zu kämpfen.

Mit dem Gewichtsvorteil einer geht auch das bestechend leichte Handling der 1100er, die zwar nicht ganz so leicht wie die 750er GSX-R, aber immer noch leichter als die hubraumstarke Konkurrenz durch Schräglagenkombinationen zu treiben ist. Viel wichtiger aber scheint nach den schlechten Erfahrungen mit der gleichnamigen 750er bei diesem Big Bike der einwandfreie Geradeauslauf und die makellose Hochgeschwindigkeitsstabilität. Der Mehraufwand an Leichtmetall hat sich also gelohnt. Nur wenn der Pilot bewußt Unruhe im Lenkbereich durch Ziehen am Lenker provoziert, wackelt die Fuhre kurz. Die leichte Schlingerbewegung klingt aber sofort wieder ab und ist in keinster Weise besorgniserregend.

Die Federelemente sind auch in der GSX-R 1100 sportlich straff abgestimmt, was den Komfort deutlich herabsetzt, sich aber bei Bodenwellen oder Querrillen in der Fahrbahn nicht negativ auf das Fahrverhalten auswirkt. Sehr gut arbeitet auch das Anti-Dive, das das Nicken mit der Frontpartie bei Bremsmanövern wirkungsvoll unterbindet, ohne dabei den sauberen Druckpunkt an der Bremse vermissen zu lassen.

Mit der neuen GSX-R 1100 beweist Suzuki, daß Leichtbau nicht gleich »Weichbau« ist. Hat man einmal die richtige Relation von eingesetztem Metall und Stabilität austariert, läßt es sich auf kurvenreichen Strecken vortrefflich die gebotene Motorleistung auskosten. In Verbindung mit geeigneter Bereifung wird die Suzuki zur Spitzenkandidatin in der obersten Hubraumkategorie der Supersportler. Der bärenstarke Vierzylinder läßt aber auch schaltfaule Fahrweise zu und so manche Fahrsituation leichter meistern. Mit der 1100er setzt der Hersteller aus Hamamatsu neue Akzente. Er hat gut daran getan, die 1100er nicht einfach als Kopie aus der 750er abzuleiten. Nur so kann die Maschine zum flinkesten Big Bike in 1986 avancieren. Die gute Basis drückt sich in den beiden folgenden Jahren auch in den Verkaufszahlen aus, über 3.600 Stück der GSX-R 1100 finden einen Käufer.

Auch die vergleichsweise geringfügigen Änderungen an den Nachfolgemodellen H und J verdeutlichen den hohen Stand der Fahrwerks- und Motortechnik. Das H-Modell gerät unter Verwendung eines größeren, 21 Liter fassenden Tanks mit 227 nur zwei Kilo schwerer als die Urversion. Bei der J sind es – hauptsächlich aufgrund einer breiteren 4,5-Zoll-Hinterradfelge (G: vier Zoll) und eines breiteren Hinterradreifens (160/60 VR 18 V260 gegenüber 150/70 VR V260) – fünf Kilo Mehrgewicht (230 Kilo). Laufleistungen von weit über 30.000 Kilometern können bei sachgemäßer Behandlung dem Motor nichts anhaben. Das beweist auch ein 40.000-Kilometer-Langstreckentest der Zeitschrift *MOTORRAD (Heft 10/87)*. Außer zwei angegriffenen Schaltgabeln präsentiert sich das Triebwerk in allerbestem Zustand. Die Vier-in-eins-Auspuffanlage hingegen zeigt recht schnell deutliche Rostspuren, die meisten Besitzer behelfen sich wegen des günstigen Preises mit einer Anlage aus dem Zubehörhandel.

Ein weiterer Makel ist der bei flotter Autobahnfahrt stark ansteigende Ölverbrauch, der nicht selten bei weit über einem Liter liegt. Darüber hinaus unterliegen Federbein und die Lager der Umlenkhebelei größerem Verschleiß. Hier schafft man mit einem Zubehörfederbein von White Power oder Öhlins sowie spielfreien Lagern der Firma Schwarz aus Schorndorf dauerhafte Abhilfe. Außerdem sollte man die Halteschrauben der Verkleidungsteile nicht zu fest anziehen. Feinste Vibrationen lassen den Kunststoff hier sehr leicht einreißen oder brechen. Besser ist da die Sicherung der nicht zu stramm angezogenen Schräubchen mit Loctite.

Nichtsdestotrotz gilt die 1100er GSX-R schon zur Markteinführung 1986 als eines der besten und be-

Beschränkung: Die Aus-
stattung der GSX-R 1100
beschränkt sich – wie bei
der 750er auch – auf das
absolut Wesentliche
(links).

währtesten Big Bikes. Wegen ihrer Standfestigkeit und der möglichen hohen Reisegeschwindigkeit erobert sie sich auch einen vorderen Platz in der Riege der Expreß-Tourer. Das im Solobetrieb ausreichende Platzangebot und der bei geduckter Fahrhaltung ordentliche Windschutz kehren sich im Soziusbetrieb allerdings um. Mit Beifahrer wird's dann ganz schön eng, und es heißt an Gepäck zu sparen. Darüber hinaus hat der Pilot mit starkem Winddruck, der Copilot mit deftigen Verwirbelungen zu kämpfen. Doch ein Fernreisetourer wollte die Supersportlerin eigentlich auch nie sein.

GSX-R 1100 K: Der Kraftmeier

Die GSX-R 1100 erfreut sich nach ihrer Präsentation 1986 großer Beliebtheit. Vor allem der durch-

zugsstarke Motor und das im Gegensatz zur 750er endlich zufriedenstellende Fahrwerk sind bei den Käufern sehr beliebt. Doch auch die Konkurrenz schläft nicht. Yamahas FZR 1000 beispielsweise bietet ebenfalls einen bärenstarken Fünfventilmotor und ein gutes Fahrwerk zu fast dem gleichen Preis. Das J-Modell der 1100er Suzuki zeigt aber noch nicht die in diesem Konkurrenzkampf erwarteten Veränderungen. Erst die 1989 erscheinende K-Version bietet wie die '88er GSX-R 750 J grundlegende optische wie technische Änderungen.
Das Design ist vom 750er Modell abgeleitet, zwei Lufteinlässe vorn in der Verkleidung sorgen für Frischluftzufuhr zu den Vergasern und zum Luftfilterkasten. Die Gemischaufbereitungsanlage des Reihenvierzylinders ist im Durchlaß von 34 auf 36 Millimeter angewachsen. Das hat seinen Grund:

Das H-Modell (rechts) unterscheidet sich von der ersten Version der 1100er vor allem durch den größeren 21-Liter-Tank.

Mit einem neuen Bohrungs-Hubverhältnis von 78 mal 59 Millimetern stehen der K nun insgesamt 1.128 Kubikzentimeter Hubraum zur Verfügung, um das Benzin-/Luftgemisch zu komprimieren. Der Motor weist damit nun die gleichen Eckwerte auf wie der Suzuki-Tourer GSX 1100 F. In der neuen GSX-R wurde ihm zusätzlich eine neue Vier-in-zwei-Auspuffanlage verpaßt, die alte 1100er hatte noch eine Vier-in-eins-Anlage. Vorteile der neuen Pötte sind neben günstigeren Lärmwerten geringerer Staudruck und mehr Volumen. Das wirkt sich auch positiv auf den Drehmomentverlauf und die Leistungsentfaltung aus.

Schon auf dem Papier machen sich diese Änderungen bezahlt: 90 Newtonmeter Drehmoment bei 7.000 U/min sind beeindruckend. Noch beeindruckender sind allerdings die Werte, die später Testexemplare bei der Leistungsmessung auf dem Rollenprüfstand hinlegen. Schon knapp über 3.000 U/min stehen 80 Newtonmeter zur Verfügung, danach steigt die Kurve stetig bis 107 Newtonmeter bei 6.000 U/min an – ein beachtlicher Wert. Auch die für Deutschland homologierte Höchstleistung von 100 PS erweist sich in den meisten Fällen als Tiefstapelei. Die Zeitschrift MOTORRAD ermittelt für ein Testexemplar einen Wert von 112 PS. Damit ist die neue 1100er bestens bestückt für die flotte Fahrt auf Autobahnen, aber auch auf enggewundenen Landstraßen. 235 km/h Spitze und zirka acht Sekunden für den Sprint von 60 auf 140 km/h im fünften Gang sind genau das richtige zum Abledern der Klassenkameradinnen.

Erstaunlicherweise kann dies vom Fahrwerk nicht uneingeschränkt behauptet werden. Was verwundert, denn die erste Auflage der 1100er war auch gleichzeitig das erste GSX-R-Modell überhaupt, das fahrwerkstechnisch zufriedenstellen konnte. Die für eine 1100er ungewöhnliche Handlichkeit ging einher mit einer Hochgeschwindigkeitsstabilität, die erstmals ungetrübtes Vertrauen schuf. An

der Neuen bemühten sich die Techniker wegen der offen auf 138 PS gestiegenen Leistung, dem Fahrwerk durch Detailüberarbeitung zu noch mehr Stabilität zu verhelfen. So besitzt der Rahmen dickwandigere Profile und einen kräftiger dimensionierten Lenkkopfbereich. Gleichzeitig wurde die Schwinge um 15 Millimeter verlängert und ebenfalls stabiler ausgelegt. Das beim Vorgängermodell anfällige Hebelsystem fürs Zentralfederbein wurde überarbeitet und mit verschleißarmen Nadellagern ausgestattet. An der Front kommt nun eine Telegabel mit satten 43 Millimetern Standrohrdurchmesser zum Einsatz.

All diese Neuerungen machen die GSX-R 1100 im Highspeed-Verhalten noch stabiler. Der nun links parallel zum Rahmen montierte, langhubige Lenkungsdämpfer – das Vorgängermodell hatte ein wesentlich kürzeres Exemplar, das unterhalb der Armaturen montiert war – soll bei Beschleunigungsvorgängen unangenehmes Lenkerschlagen verhindern. Doch genau in diesem Punkt ist man bei Suzuki über das Ziel hinausgeschossen, denn das nicht einstellbare Bauteil stört die Fahrdyna-

Die »J« verfügt über eine breitere Hinterradfelge (4,5 Zoll) und einen ebenfalls breiteren Hinterradreifen (160/60 VR 18) als die Vorgängervarianten.

Um die Kritik am sensiblen Hochgeschwindigkeitsverhalten endlich zum Verstummen zu bringen, vertraut Suzuki ab 1989 auf einen neuen Aluminiumrahmen mit groß dimensionierten Oberzügen.

Vor allem die breite 17-Zoll-Bereifung und das hohe Gewicht machen die »neue« GSX-R 1100 zu einem – verglichen mit dem Vorgängermodell – deutlich unhandlicherem Motorrad.

mik nachhaltig. Auf Strecken mit kurz aufeinanderfolgenden Kurven hat der Pilot ganz schön zu kämpfen, um die GSX-R um die Ecke zu schwenken. Was bei hohen Geschwindigkeiten in langgezogenen Kehren vielleicht stabilitätsfördernd sein kann und vor allem im Rennsport seine Berechtigung hat, erweist sich im Alltag auf der Landstraße als echte Behinderung. Hätten sich die japanischen Techniker wenigstens darauf eingelassen, eine Einstellvorrichtung vorzusehen, so könnte der Dämpfer auf ein sinnvolles Niveau heruntergedreht werden. Auch die nun 17 Zoll messenden, aber deutlich breiteren Reifen in den Formaten 120/70 ZR 17 vorn und 160/60 ZR 17 hinten sowie das auf immerhin 243 Kilogramm gestiegene Gewicht dürften ihren Anteil am schwerfälligen Fahrverhalten der Maschine haben.

Die gegenüber dem Vorgängermodell deutlich gesunkene Handlichkeit kann jedenfalls nicht aufs Fahrwerk beziehungsweise dessen Geometrie zu-

rückgeführt werden. Denn die Daten von 65 Grad Lenkkopfwinkel, 99 Millimeter Nachlauf und 1.425 Millimeter Radstand sprechen eher für ein fahragiles und direkt zu fahrendes Motorrad. Vielmehr hat auch die nicht angemessen abgestimmte, dicke Telegabel der Suzuki ihren Anteil am unbefriedigenden Fahrverhalten. In der Zugstufe deutlich überdämpft, federt die Gabel nicht schnell genug wieder aus. Der in diesem Punkt achtfache Stellbereich der Telegabel kann dieses Verhalten nicht unterbinden, was beispielsweise in holprigen Kurven zu einem springenden Vorderrad führt. Auch dies ist mit ein Grund für das etwas eigenwillige Fahrverhalten, denn durch die nicht schnell genug

wieder zurückfedernde Gabel wirkt die Maschine um die Vorderhand nervös und kippelig.

Auch der gute Geradeauslauf und der durchzugsstarke Motor können nicht über die Schwächen der '89er GSX-R 1100 hinwegtrösten. In direkten Vergleichen mit der FZR 1000 von Yamaha zieht die Suzi in diesem Jahr deutlich den kürzeren. Der kräftige Motor und die trotz fehlendem Anti-Dive fabelhaft einsetzbaren, wirkungsvollen Bremsen hätten das Zeug zu mehr gehabt. Das wissen auch die Mannen in Hamamatsu. So verwundert es nicht, daß die 1100er schon ein Jahr später erneut in einer überarbeiteten Version erscheint.

GSX-R 1100 L:
Renner mit »Ups and Downs«

Die 1989 erscheinende GSX-R 1100 K ist der herben Kritik der Fachjournalisten ausgesetzt. Zu sehr geht die Neue von den Tugenden und Qualitäten der Ur-1100er ab und leistet sich tiefgreifende Fahrwerksschwächen. Außerdem hat die Suzuki in der rund 1.000 Mark teureren FZR 1000 von Yamaha eine scharfe Konkurrentin im Kampf um den Platz der First Lady bei den Big Bikes. Das ewig junge Duell geht Anfang 1990 in die nächste Runde, als Suzuki mit der GSX-R 1100 L die Nachfolgerin des K-Modells präsentiert und sich mit der ZZ-R 1100 von Kawasaki eine neue, ernstzunehmende Widersacherin in den Big-Bike-Zirkus einschleicht.

Suzukis Flaggschiff zeigt die gravierendste Veränderung an der Frontpartie. Wie die 750er erhält die Maschine eine aus dem Rennsport abgeleitete Upside-down-Gabel, bei der die ursprünglichen Tauchrohre oben und die ursprünglichen Standrohre unten angeordnet sind. Eine höhere Verwindungssteifigkeit der Gabel im Lenkkopfbereich war das Entwicklungsziel dieser Konstruktion. Doch

das ist beileibe nicht die einzige Änderung, die das in die Kritik gekommene GSX-R-Fahrwerk über sich ergehen lassen mußte. Eine um 36 Millimeter verlängerte Hinterradschwinge und ein nicht zuletzt aus diesem Grund auf beachtliche 1.465 Millimeter angewachsener Radstand sollen nochmals die Geradeauslaufqualitäten und die Spurtreue verbessern. Ein neues, rundum einstellbares Kayaba-Federbein soll Komfort und Ansprechverhalten auf welligem Belag optimieren.

Der Motor blieb weitgehend unverändert, lediglich die etwas leisere Vier-in-zwei-Auspuffanlage erforderte eine neue Abstimmung der Vergaserbatterie. So präsentiert sich das Triebwerk wie schon in der K als «Hans Dampf in allen Gassen»: Bereits ab 3.000 U/min steht verwertbare Leistung zur Verfügung, die bis gut 1.500 U/min über Nenndrehzahl (8.500 U/min) stetig und mit Nachdruck ansteigt. Ob kurvenreiche Landstraße oder verkehrsarme

Auch der nicht einstellbare Lenkungsdämpfer trägt seinen Teil zum nicht befriedigenden Fahrverhalten bei.

1990 bekommt die GSX-R 1100 eine moderne Upside-Down-Gabel. Doch nicht das neue Konstruktionsprinzip ist für das bessere Fahrverhalten der »L« verantwortlich. Vielmehr verhilft die gelungene Fahrwerksabstimmung der Suzi endlich zu standesgemäßer Handlichkeit.

Autobahn, mit dem bulligen Suzuki-Triebwerk ist man stets goldrichtig bedient. Noch immer kann das Triebwerk im Fahrbetrieb veranschaulichen, was ein echtes Big Bike ausmacht und wo in dieser Klasse derzeit der Hammer hängt.

Selbst Kawasakis topaktuelle ZZ-R 1100 kann der Suzi nicht das Wasser reichen, was zum Teil an deren reichlich vorhandenen Fettpölsterchen liegen mag. Aber auch die mit 247 um 16 Kilo leichtere Suzuki hat beileibe nicht mehr die einstigen Topmaße eines Fotomodells. Die Hauptkonkurrentin ist und bleibt die FZR 1000 von Yamaha, die Fahrstabilität und gutes Handling mit einem rundum ausgewogenen, durchzugsstarken Fünfventilmotor paart. Gerade im Handling soll die '90er GSX-R verlorengegangenen Boden wieder gutmachen.

Zunächst stiften die von Suzuki fürs '90er Modell veröffentlichten Fahrwerksdaten ein wenig Verwirrung. Ein längerer Radstand, eine längere Schwin-

ge, eine noch breitere Bereifung vorn wie hinten und eine auf 5,5 Zoll angewachsene Hinterradfelge (K: 4,5 Zoll) können wohl kaum die Rezeptur für besseres Handling sein. Doch die '89er Ausgabe hatte mit verschiedenen Ungereimtheiten zu kämpfen, die erst in ihrer Summe für das schlechte und unpräzise Kurvenverhalten verantwortlich waren. Vor allem die wenig praxisgerechte, in der Zugstufe stark überdämpfte Vorderradgabel war verantwortlich für das kippelige Einlenkverhalten in Kurven. Hoffnung auf Besserung macht da schon vom bloßen Anblick her die stabil wirkende Upsidedown-Gabel, obwohl ja auch die alte mit 43 Millimetern Standrohrdurchmesser nicht gerade wie ein zartbesaiteter Chorknabe ausgerüstet war.

In der Praxis zeigt sich, daß die neue Gabelkonstruktion aber nicht nur stabil, sondern auch verwendungsgerecht abgestimmt ist. Feines Ansprechverhalten ist nämlich auch bei Supersportlern wichtig. Ansonsten leitet die nicht korrekt arbeitende Federung Schläge an das Fahrwerk weiter, die nicht immer verdaut werden können und sich zu unangenehmen Resonanzen, sprich Fahrwerksunruhen aufschwingen. Die Gabel der L-Version aber spricht sauber an und macht die vom Straßenbelag ausgeteilte Bewegungsenergie wirkungsvoll zunichte. Leider hat dabei die Immunität gegen Durchschlagen ein wenig gelitten. Bei harten Bremsmanövern kann die Gabel größere Bodenunebenheiten nicht mehr absorbieren und schlägt durch. Progressiver gewickelte Federn (zum Beispiel von White Power) schaffen hier Abhilfe.

Dennoch ist das Fahrverhalten der Maschine deutlich besser geworden. Das hohe Gewicht von 247 Kilo und die ganz der derzeitigen Mode entsprechende breite Bereifung machen sich nicht so negativ bemerkbar, daß die FZR 1000 ihr auf der Rennstrecke den Schneid abkaufen kann. Und allein das ist in GSX-R-Fahrerkreisen letztendlich

Die letzte ölgekühlte: Im Windkanal wurden Verkleidung und Sitzbank der 1991er Variante neu gestylt. Eine weitere Modifikation betrifft den Zylinderkopf: Der verfügt nämlich über eine geänderte Kanalführung, und die vier Ventile pro Zylinder werden nicht mehr über Gabelschlepphebel, sondern konventionell über Einzelhebel betätigt.

entscheidend. Die Eigenheiten des legendären dik-
ken Vierzylinders stilisieren echte Fans zu Charak-
terstärken. Nur wer sich damit zu arrangieren oder
sie zu beheben weiß, ist in den Augen der Fan-
gemeinde ein würdiger GSX-R-Pilot.

GSX-R 1100 M: »M« wie Maximum

Bereits 1991 wird klar, daß Suzuki in der 750er
Klasse zum Handeln gezwungen ist. In der populären und imageträchtigen Superbike-Klasse fahren
die Konstruktionen aus Hamamatsu nur noch hinterher. Der hochbauende, luft-/ölgekühlte Reihenvierzylinder im einengenden Doppelschleifenrahmen ist an seinen Leistungs- und Belastungsgrenzen angelangt. Immer mehr Rennpiloten klagen
über rapiden Leistungsabfall bei heißgefahrenem
Motor. Auf lange Sicht gesehen wird Suzuki um
eine Flüssigkeitskühlung, vielleicht sogar Benzin-
einspritzung oder eine völlige Neukonstruktion gar
nicht herumkommen.

Die 1100er betrifft das weniger, da sie mit ihrem
Hubraum von 1.128 Kubik eh in kein derzeit gülti-
ges Reglement hineinpaßt und ausschließlich für
den Straßenbetrieb ausgelegt werden muß. Die
luft-/ölgekühlte 750er wird nach der erfolgreichen
M-Version 1992 von einer neuen GSX-R mit Wasserkühlung abgelöst. Die entsprechende 1100er
Variante wird erst 1993 durch eine wassergekühlte
Variante ersetzt, die allerdings ein anderes Bohrungs-Hubverhältnis (75,5 x 60 mm) und einen anderen Hubraum (1.074 cm^3) aufweist.

Doch bevor ein neues Kapitel in der GSX-R-Ge-
schichte aufgeschlagen wird, soll noch einmal eine
luft-/ölgekühlte Version 1991 auf dem Markt für Fu-
rore sorgen. Und das liegt vor allem an der Optik,
die stark an die der ebenfalls in diesem Jahr erscheinenden 750er angelehnt ist. Die Verkleidung
und die Sitzbank-Seitenteile wurden im Windkanal
optimiert. Die charakteristischen Doppelscheinwerfer verbergen sich nun hinter einer Glaskuppel,
wie dies schon an den letztjährigen Endurance-
Maschinen zu sehen war.

Das Fahrwerk hingegen wurde schon im vergange-
nen Jahr stark überarbeitet. Dennoch haben sich
die Suzuki-Techniker eines Besseren besonnen
und auf die 3,5-Zoll-Felge vorn einen schmaleren
Reifen im Format 120/70 ZR 17 (L: 130/60 ZR 17)
aufgezogen. Scheinbar hat die Kritik an dem immer noch nicht ganz überzeugenden Handling der
L-Version gefruchtet. Aber auch der M-Variante
merkt man an, daß sie viel Ballast mit sich herum-
zuschleppen hat. 253 Kilo sind nun mal kein Pap-
penstiel und machen sich beim Einlenken in enge
Kehren nachhaltig bemerkbar. Dennoch legt die
Suzi unter den Big Bikes immer noch ein beste-
chendes Handling an den Tag. So gab's am Fahrwerk nicht mehr viel zu verändern, nachdem schon
fürs letzte Jahr die aus dem Rennsport stammende
Upside-down-Gabel eingebaut wurde.

Auch der Motor präsentiert sich in alter Frische.
Bedeutendes hat sich hier nicht getan. Wichtigste
Änderung gegenüber dem Vorjahr ist die Umstellung von Gabelschlepphebeln auf Einzelschlepphebel zur Betätigung der vier Ventile pro Zylinder.
Die Suzuki-Techniker versprechen sich hiervon eine
geringere Pittingneigung und damit größere Lebensdauer der Teile, da bei nicht übereinstimmen-
dem Ventilspiel eines Ventilpaares der '90er Version Verschleiß vorprogrammiert ist.

Zudem erhielt die 1100er einen überarbeiteten Zylinderkopf mit neugestalteten Ansaugkanälen und
größere Vergaser mit 40 Millimetern Durchlaß. An
den nominellen Motordaten hat sich allerdings
nichts geändert, was aufgrund des tollen Dreh-
momentverlaufs und der gebotenen Leistung über
den gesamten Drehzahlbereich auch nicht nötig
war. Wie die '90er Maschine bringt die M-Version
jede Menge Power auf den breiten 180er Hinter-

radschlappen. Bei nervöser Gashand des Piloten sind Slides und ein charakteristischer schwarzer Strich auf dem Asphalt unabdingbar.

Auch das zeigt, daß die 1100er GSX-R in erfahrene Hände gehört. Bei sachgemäßer Handhabung und entsprechender Pflege kann sie zur Begleiterin fürs Leben werden. Denn aufgrund des Leistungspotentials mit ausreichend Reserven, der relativ kommoden Sitzposition und der auf Komfort ausgelegten Federelemente hat man es hier mit einer Maschine zu tun, die von vielen ihrer Besitzer als zuverlässige, robuste und schnelle Alltags- wie Fernreisemaschine geschätzt wird.

Kaum zu glauben, was aus dem Kürzel GSX-R in der 1100er Version geworden ist. Das anfangs als rigoros supersportlich angesehene Big Bike mutierte im Laufe der Jahre zum sportlichen Allrounder mit ordentlichem Komfort – allerdings nur im Solobetrieb. Die GSX-R 1100 M mit dem legendären luft-/ölgekühlten Aggregat hätte es als reine Straßenmaschine verdient gehabt, weitergebaut zu werden. Denn die 1993 erscheinende GSX-R 1100 WP läuft eher einer »verwässerten« Mode nach, die auf der Straße nichts bringt. Halt, doch! Sie hat noch ein paar Kilo mehr (261 kg) und benötigt für die nominell vorhandenen 98 PS exakt 1.000 U/min mehr. Nicht alles, was nach Fortschritt aussieht, muß auch immer Fortschritt sein!

Dennoch muß eingeräumt werden, daß sich das Fahrverhalten nach Einführung des aus der neuen 750er abgeleiteten Fahrgestells verbessert hat. Mit vielfach einstellbaren Federelementen und gut ausbalanciertem Schwerpunkt avanciert die GSX-R wieder zum unumstrittenen Handling-Wunder in der oberen Big-Bike-Klasse. Und das Beste an der ganzen Sache ist: So wird die Tradition der schnellen GSX-R-Flotte nach oben hin auch in Zukunft fortgesetzt – wenn auch ohne luft-/ölgekühlten Motor!

Modell F für Fernwehzauber

itte der achtziger Jahre entdecken die großen Motorradhersteller aus dem Fernen Osten, daß die Verkaufserfolge mit sportlichen Motorrädern in Richtung einer anderen Marktnische ausbaufähig sind, indem man diesen Maschinen etwas gemäßigtere, aber um so tourentauglichere Pendants zur Seite stellt. Das geht so weit, daß Yamahas Bestseller FJ 1100 nach seiner Präsentation als Supersportmodell im Herbst 1983

im Laufe der Jahre neben anderen, neuen High-Tech-Sportlern immer mehr zum Sporttourer in der Modellpalette mutiert. Damit einher geht 1986 eine Hubraumsteigerung auf knapp 1.200 Kubik, was dem Tourencharakter im Hinblick auf Drehmoment und Durchzug noch mehr entgegenkommt.
Mitstreiter Honda hält eisern am bewährten V 4-Konzept fest und schickt mit der VF 1000 F II ebenfalls eine Sportmaschine auf den Markt, die dank

1987 präsentiert Suzuki mit der GSX 1100 F einen Sporttourer mit dem bärenstarken Reihenvierzylinder der GSX-R 1100.

Die Verkleidungsscheibe der GSX 1100 F läßt sich elektrisch hoch- und runterfahren. Die Verkleidung wurde im Windkanal auf möglichst guten Wind- und Wetterschutz für die gesamte Besatzung getrimmt.

ihrer gemäßigten Sitzposition und des drehmomentstarken Motors touristischen Aktivitäten nicht abgeneigt ist. Die allmählich gewachsene Klasse der Sporttourer ist dabei weniger auf ausgetüftelte Marketing-Strategien zurückzuführen, sondern vielmehr indirekt auf die verborgenen (Tourer-) Qualitäten der einstigen Supersportler. Die zu entdecken, gebührt den Konsumenten, den Motorradfahrern. Denn viele nutzen das Motorrad auch als Urlaubsgefährt und lernen dort die Vorzüge schätzen. An vermeintliche Sportmaschinen werden Tourenkoffer, Tankrucksack und Gepäckrollen

montiert, und ab geht's in den Urlaub. Die Hersteller reagieren und verkaufen solche Maschinen fortan als tourentaugliche Sportler oder sportliche Tourer: Die Klasse der Sporttourer entsteht.
Bei Suzukis GSX-R-Modellen fallen die touristischen Nutzungsmöglichkeiten deutlich eingeschränkter aus. Als Schlußfolgerung daraus präsentiert Suzuki 1987 nach der betagten, rollengelagerten GSX 1100 EF eine neue sportliche Tourenmaschine: die GSX 1100 F, wie die GSX-R-Modelle mit bewährtem luft-/ölgekühlten Vierzylinder-Reihenmotor.

GSX 1100 F J: Der Reisedampfer

Suzukis Mannen haben sich bei der Entwicklung des neuen F-Konzepts größte Mühe gegeben, alle Zweifel über den Verwendungszweck von vornherein aus dem Weg zu räumen. Schon beim ersten Anblick registriert der Betrachter, daß es sich bei der neuen 1100er um ein schweres Reisemotorrad handelt, die sportlichen Anlagen werden sozusagen als positive Begleiterscheinungen mitgeliefert. Vor allem die Vollverkleidung mit per Elektromotor höhenverstellbarer Scheibe weist die GSX als Tou-

rer aus. Alternativ kann die Maschine auch mit Halbschalen-Tourenverkleidung geordert werden. Ein von der Firma Krauser gefertigter und von Suzuki vertriebener 35- oder 40-Liter-Koffersatz sowie ein passender Magnet-Tankrucksack komplettieren die F zur Langstrecken-Reisemaschine.

Doch nicht nur die Äußerlichkeiten stimmen, auch die inneren Werte können überzeugen. Bei ihrer Präsentation im Herbst 1987 in Salzburg schwärmen die Fachjournalisten vom drehmomentstarken Motor mit viel Biß über das gesamte Drehzahlband. Der Motor ist vom bekannt starken 1100er

GSX-R-Triebwerk abgeleitet, der Hubraum wurde aber nochmals gesteigert. Eine Bohrung von 78 Millimetern (GSX-R 1100 G/H/J: 76 mm) und ein Hub von 59 Millimetern (GSX-R 1100 G/H/J: 58 mm) ergeben gerundet 1.128 Kubikzentimeter Hubraum und einen noch durchzugskräftigeren Charakter. Mit dieser Hubraumsteigerung nimmt die F eine Modellüberarbeitung bei den 1100er R-Modellen vorweg, die erst beim K-Modell der GSX-R-Reihe in Serie geht.

Beachtliche 96 Newtonmeter sind es, die bei 6.500 U/min an der Kette zerren. Zwischen 3.000 und der Nenndrehzahl von 8.000 U/min ist ausreichend Kraft vorhanden, um auch schaltfaule Tourenfahrer zufriedenzustellen. Das Getriebe kommt in der F nun auch mit fünf Gängen aus, das sportliche R-Pendant besitzt deren sechs. Die möglichen Reiseschnitte sind beachtlich, zumal der Tourer eher noch an Kraft zugelegt hat. Außerdem fallen die nötigen Zwangspausen bei der Fahrt in den Urlaub wesentlich kürzer und auch seltener als bei der R aus. Dafür sorgt schon die gemäßigtere Sitzposition, die den Piloten dank niedriger Sitzhöhe ins Motorrad integriert. Bein- und Armhaltung sind für lange Turns auf der Autobahn ausgelegt, lassen den Fahrer aber auch im Kurvenlabyrinth der Alpenpässe nicht mit orthopädischen Problemen im Regen stehen.

Nicht ganz so gut, aber im Vergleich zu aktuellen Supersportlern immer noch absolut akzeptabel sieht die Sache für den Sozius aus. Er kann sich zwar auf einer ausreichend fest und üppig gepolsterten Sitzbank breitmachen, muß sich aber mit für einen Tourer relativ hoch angebrachten Fußrasten arrangieren. Dank der verstellbaren Windschutzscheibe lassen sich Verwirbelungen auf ein erträgliches Maß reduzieren, so daß dies nicht auf Kosten der möglichen Reisegeschwindigkeit geht. Damit die F auch fahrwerksmäßig nichts von dieser positiven Anlage einbüßt, spendierten die Techni-

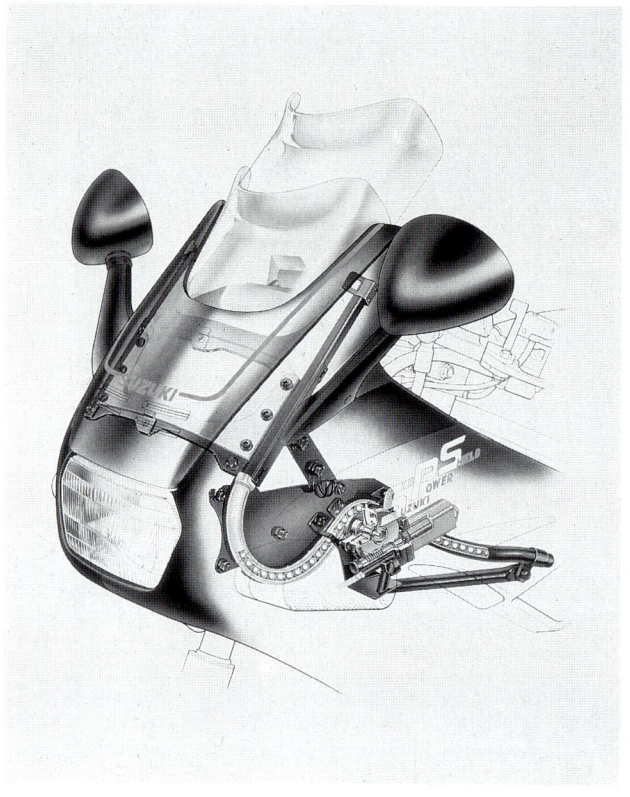

In der linken Verkleidungsseite sitzt der Stellmotor, mit dessen Hilfe die Frontscheibe elektrisch aus- und eingefahren werden kann.

ker in Hamamatsu dem Tourer einen stabilen Vierkantrohr-Brückenrahmen, dessen Oberzüge den Reihenvierzylinder umschließen und ohne Umwege den direkten Weg zur Schwingenlagerung suchen. Eine massive Kastenschwinge aus Stahl mit Full-Floater-Umlenkung und Zentralfederbein bildet den krönenden Abschluß nach hinten. In Verbindung mit den kleinen 16-Zoll-Rädern ergibt sich trotz der hohen Fahrzeugmasse von 266 Kilo ein überaus agiles Fahrverhalten ohne größere Einbußen hinsichtlich der Zielgenauigkeit im Solo- und Soziusbetrieb ohne Koffer. Auch die soliden und gut verzögernden Bremsen passen zum guten Fahreindruck.

Bei ersten ausgiebigen Tests der Fachpresse erhält die anfangs noch euphorische Beurteilung der

Das Fahrverhalten der ersten GSX 1100 F kann vor allem bei schneller Fahrt nicht zufriedenstellen. Vor allem mit montierten Koffern wird die Maschine bei hohem Tempo unruhig.

Das von Krauser stam-
mende Koffersystem für
die GSX 1100 F gibt's bei
Suzuki als Originalzu-
behör.

GSX F allerdings einen saftigen Dämpfer. So resü-
miert etwa die Zeitschrift MOTORRAD nach einem
detaillierten Tourer-Vergleichstest in Heft 23/87:
»Es mangelt ihr an Stabiltät schon bei schneller
Geradeausfahrt«, und »in langgezogenen Kurven«
verlangt die GSX »schon ab 160 km/h einigen
Mut«. Die Suzuki-Verantwortlichen sind geschockt.
Schnell macht man sich daran, nach Verbesse-
rungsmöglichkeiten zu suchen.
Die werden dann bereits im März 1988 präsentiert.
Händlern empfiehlt man zunächst einmal die Kon-
trolle folgender Fahrwerkskomponenten: Reifen-

luftdruck (2,5 Bar vorn, 2,9 Bar hinten), Spur (Über-
prüfung mittels einer Meßlatte), Achsklemmung
der Vorderradgabel (sollte spannungsfrei sein),
Losbrechmoment des Lenkkopflagers (nicht über
1,65 Nm), (fester) Sitz der Motorhalterungen und
der Rahmenunterzüge. Sollte das Fahrverhalten
nach diesen Korrekturen und Überprüfungen immer noch Anlaß zu Kritik bieten, stellt man dem
Kunden kostenlos folgenden Umrüstsatz zur Verfügung: Gabelfedern mit um 10 bis 30 Prozent höherer Federrate plus Castrol-Gabelöl der Viskositäts-
klasse 20 statt des originalen Showa-Öls und ein

Umbausatz für das hintere Federbein, der die Zugstufendämpfung um zehn Prozent, die Druckstufendämpfung bei geringen Hüben um 50 Prozent und
die Federrate um zwölf Prozent ansteigen läßt.
Bei der nächsten fälligen Neubereifung werden
dann noch Metzeler-MBS (Metzeler Belt System)-
Reifen aufgezogen, die die Verformung der Karkas-
se unter der Lauffläche unterbinden sollen. Das Ergebnis bei den folgenden Fahrversuchen von
MOTORRAD (Heft 8/1988) klingt schon deutlich
freundlicher: »Mit 75 Kilogramm schwerem Fahrer
war mit Dämpfer- und Federeinstellung zwei in
schnellen Kurven auf der Rennstrecke nur noch
ansatzweise ein Pendeln festzustellen, das sofort
wieder abklang. Über den gesamten Geschwindig-

keitsbereich arbeiteten die Feder- und Dämpferelemente perfekt. Das Motorrad hinterließ hinsichtlich der Abstimmung und Straßenlage bei allen
Fahrbahnzuständen einen positiven Eindruck.«
Auch im Soziusbetrieb verbessert sich das Fahrverhalten deutlich, nur das harte Aufsetzen bei Bodenwellen in Schräglage bleibt als einziger Kritik-
punkt auf dem Konto bestehen. Den größten Anteil
am deutlich verbesserten Fahrverhalten haben eindeutig die Metzeler-Reifen. Durch Optimierung der
statischen und dynamischen Steifigkeit und der Ei-
gendämpfung erzielten die Techniker aus München
dieses beeindruckende Ergebnis.
Das von Suzuki ausgelieferte Koffersystem ist verantwortlich für die weiterhin eindeutig schlechteste

**Die »K« kommt 1989 mit
einer um 30 Millimetern
längeren Schwinge und
kann in Sachen Fahr-
stabilität endlich über-
zeugen.**

Disziplin des Langstreckentourers, den Solobetrieb mit Koffern. Hier leidet die Maschine an unzureichender Zielgenauigkeit. Daran ändern auch die aktuellen Fahrwerkskorrekturen nichts. Zurückzuführen ist diese Schwäche auf die Tatsache, daß der Schwerpunkt des Koffersystems sehr weit (16 Zentimeter) hinter der Hinterradachse angesiedelt ist. Bei Beladung wandert so auch der Gesamtschwerpunkt nach hinten, das Federbein ist überfordert. Die Firma White Power weiß diesen Makel zu nutzen und bietet schon früh einen entsprechenden Fahrwerkskit an. Die durch die ausladen-

den Koffer negativ beeinflußte Aerodynamik kann dadurch aber nicht aufgefangen werden, die GSX 1100 F behält einen Teil ihrer Marotten.

Nach all der Kritik und den vielen Verbesserungen am J-Modell der F zieht Suzuki den einzig weisen Schluß und präsentiert 1989 die stark überarbeitete K-Version. Einschneidende Veränderungen sind der von 1.490 auf 1.535 Millimeter gewachsene Radstand, die um 30 Millimeter längere Schwinge (604 mm), der von 112 auf 122 Millimeter angestiegene Nachlauf, und der mit 60,5 Grad flachere Lenkkopfwinkel (vorher: 62 Grad). Außerdem ver-

Im Cockpit der GSX 1100 F mit den drei gut ablesbaren Rundinstrumenten fehlt eine Zeituhr, die eigentlich zu jedem Tourer gehören sollte.

Die Suzuki GSX 750 F ist
ein eher unscheinbares
Motorrad, das aber dank
des hervorragenden
Motors und des stabilen
Fahrwerks eine Menge
Fahrspaß vermittelt.

leihen zwei fünf Zentimeter hohe und vierfach mit den Rahmenober- und Unterzügen verschraubte Rechteck-Stahlprofile dem Fahrwerk zusätzliche Steifigkeit. Das Zentralfederbein hinten erhielt einen Ausgleichsbehälter und ist nun auch in der Druckstufendämpfung einstellbar.

Einzig allein schwache Pendelbewegungen unter leichten Fahrern in schnellen Autobahnkurven mit Längsrillen und Bodenunebenheiten bleiben bestehen, klingen aber sofort wieder ab und nehmen nie beunruhigendes Ausmaß an. Die GSX 1100 F hat ihre Fahrwerksschwächen abgelegt. Wahrscheinlich wird man deshalb mutig und verpaßt dem '90er L-Modell wieder einen »fahragileren« Lenkkopfwinkel von 63,5 Grad. An den neu errungenen Fahrwerksqualitäten ändert das nichts. Damit ist die GSX 1100 F zum ernstzunehmenden Gegner für die Konkurrenz geworden. In einem Vergleichstest von »MOTORRAD«läßt sie sogar den Klassenbestseller Yamaha FJ 1200 hinter sich. Das tolle Handling sowie der kräftige und geringfügig drehmomentstärkere Motor geben hier den Ausschlag. Nur beim Soziuskomfort hat die FJ noch die Nase vorn.

Was lange währt, wird endlich gut. Die GSX 1100 F hat sich mit den K- und L-Modellen endlich den erwarteten guten Ruf in der Tourengemeinde erkämpft und rangiert mit an der Spitze der Sporttourer-Konkurrenz. Daran soll sich auch in den folgenden Jahren nichts ändern. Der Preis von anfänglich 14.399 Mark ist auf 16.490 Mark in 1994 angestiegen – ein im Vergleich zur aktuellen Konkurrenz immer noch sehr günstiger Preis.

Frühe Modelle litten teilweise unter »schrumpfenden« Kolben und sinkender Kompression. Darüber hinaus zeigte ein Langstrecken-Exemplar von MO-TORRAD-MAGAZIN MO nach Zerlegen des Motors starke Abnutzung an den Schaltgabeln und den äußeren Kurbelwellenhauptlagern. Im allgemeinen gilt die GSX 1100 F aber als zuverlässige Reisemaschine.

GSX 750 F:
Sportlerin in Nadelstreifen

Seit der Präsentation der GSX 1100 F und der GSX 600 F Ende 1987 klafft im Suzuki-Programm eine Lücke. Der Tourensportler mit 750 Kubik fehlt noch. Das verwundert ein bißchen, besitzt man mit dem 750er GSX-R-Motor doch ein potentes Aggregat, das unter wesentlich geringerem technischen Aufwand als bei den beiden Schwestern die F-Reihe komplettieren könnte.

Doch lange läßt die Neue nicht auf sich warten. Ende 1988 werden die Fachjournalisten zum Fahrtermin an die südspanische Rennstrecke Jerez gebeten, um die bis dato noch fehlende der drei Tourensportlerinnen unter die Lupe zu nehmen. Die Vorstellung auf dem Rennkurs hat seinen Grund: Trotz der tourenorientierten Auslegung kann die 750er ihre sportliche Herkunft nämlich nicht ver-

Zwei Verbindungsrohre zwischen den Auspuffkrümmern verhelfen dem F-Triebwerk – verglichen mit den R-Triebwerken – zu besseren Durchzugswerten.

Im Prinzip ist die GSX 750
F nichts anderes als eine
Kombination des 600-F-
Fahrwerks mit dem
Motor der GSX-R 750.

Bis auf wenige – meist
optische – Retuschen
bleibt die GSX 750 F
während ihrer Bauzeit
unverändert.

Auch das Cockpit der
GSX 750 F beschränkt
sich aufs Notwendigste.
Auf den oberen Ver-
schlußstopfen der beiden
Gabelholme erkennt man
die beiden Knöpfe, mit
deren Hilfe die Dämpfung
verstellt werden kann.

leugnen. Der Motor stammt direkt von der supersportlichen GSX-R, allerdings werden in der F
Nockenwellen mit zahmeren Steuerzeiten und geringeren Ventilhüben verwendet. Die Ventildurchmesser hingegen blieben gleich. Mehr Kraft im unteren Drehzahlbereich soll außerdem das neue Suzuki Power-up Exhaust System (SPES) bringen, das
mit Verbindungsrohren zwischen den Krümmern der
Zylinder eins und zwei sowie drei und vier Druckun-
terschiede ausgleichen soll, die aufgrund des Hub-
zapfenversatzes von 180 Grad und der dadurch zeit-
lich versetzt laufenden Druckwellen entstehen.

Darüber hinaus verpaßte man der F eine kürzere
Endübersetzung und einen praxisgerechteren, kür-
zer ausgelegten ersten Gang. Im Fahrbetrieb stellt
sich aber schon früh heraus, daß die angestrebte
Tourencharakteristik nur bedingt erreicht wurde.
Zwar läßt sich das Triebwerk schon aus 2.000 U/
min ruckfrei beschleunigen, ihre Muskeln läßt die
Maschine aber erst ab zirka 5.500 U/min spielen.
Nochmal 2.000 U/min muß man auf die von den
GSX-Rs gewohnte, geballte Vierzylinder-Kraft war-
ten. Auf der Rennstrecke von Jerez fügt sich die
Leistungscharakteristik zur flotten Kurvenhatz, auf

Anders als die sportliche
GSX-R 750 kommt die
GSX 600 F nicht mit
einem Aluminiumrahmen,
sondern mit einem Rohr-
geflecht aus schlichtem
Stahl.

Der Motor der 600er ent-
spricht in seinen äußeren
Abmessungen exakt dem
750er Triebwerk. Schnur-
gerade Ansaugwege ver-
sprechen gute Zylinder-
füllung.

GSX600FJ
Engine Construction-2

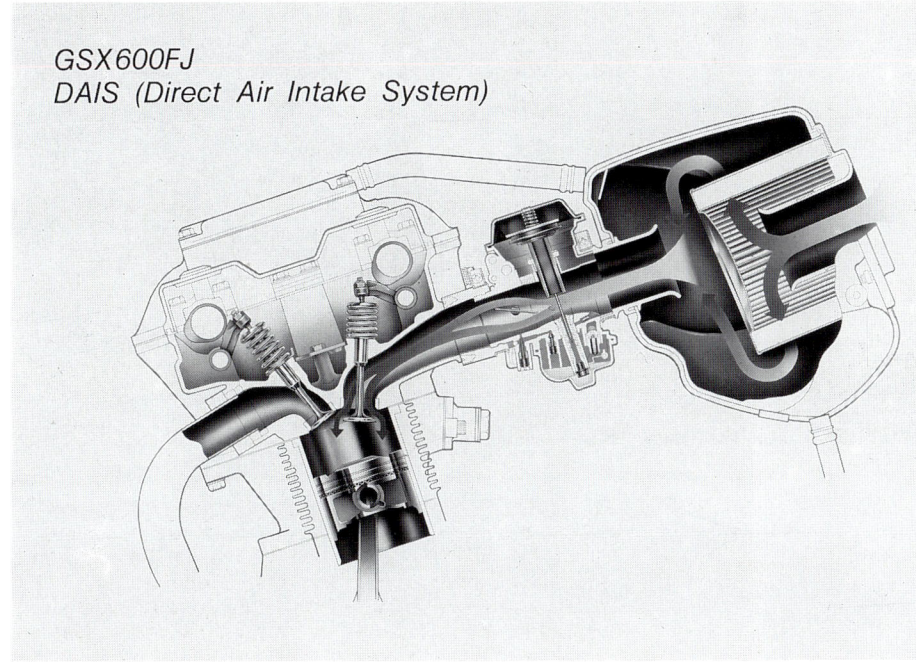

GSX600FJ
DAIS (Direct Air Intake System)

der Landstraße will sie nicht so recht zum F-Konzept passen.

Gut, die 600er ist auch kein Durchzugswunder, doch das läßt sich durch die niedrigere Hubraumklasse entschuldigen, einer 600er verzeiht man das eher. Der 750er F hingegen kann manche gutgehende GSX-R im unteren Drehzahlbereich Paroli bieten. Das läßt sich auch nicht durch die kurzgewählten Übersetzungsverhältnisse kaschieren.

Klare Vorteile verbucht die F allerdings, wenn die ersten Bodenwellen und Löcher in Südspaniens Landstraßen auftauchen. Die gut ansprechenden Federelemente sind tourengerecht ausgelegt, Telegabel und Monofederbein verfügen über eine dreifache Einstellmöglichkeit in der Zugstufe. Gleichzeitig läßt sich die Federrate hinten in sieben Stufen dem jeweiligen Beladungszustand anpassen. Trotz der eher soften Auslegung zeigt das Fahrwerk auch bei Renntempo keinerlei Labilität, absolut spurtreu folgt die Maschine dem einmal eingeschlagenen Kurs.

Der Brückenrahmen stammt ebenfalls von einem schon vorhandenen Modell, der GSX 600 F. Das erklärt auch das spielerische Handling, das die immerhin 237 Kilo schwere Maschine selbst in engen Serpentinen an den Tag legt. Für den Einsatz in der 750er wurde das Stahlrohr-Brückengeflecht an einigen Stellen verstärkt. Großen Anteil am überzeugenden Fahrverhalten dürften aber auch wieder einmal die hervorragende Metzeler Bereifung (110/80 V 17 vorn, 150/70 VB 17 hinten) sowie die sehr gut verzögernden Bremsen haben.

Für Landstraßenfahrt entpuppt sich auch die mäßig-sportliche Sitzposition mit hochangeschnellten Lenkerstummeln und tiefer Sitzmulde als guter Kompromiß. In Verbindung mit der schmalen Verkleidungsschale zerrt der Wind nicht allzu stark am Oberkörper, der Fahrer bleibt auch bei hohen Geschwindigkeiten entspannt. Weniger tourenfreundlich ist – wie schon im Falle der 600er – die Sitzgelegenheit für den Sozius ausgelegt. Eine hochangeordnete Sitzfläche und fürs Reiseglück zu weit oben montierte Fußrasten lassen den oft zitierten Vergleich vom »Affen auf dem Schleifstein« treffend erscheinen. Zudem verschlechtert sich mit Beifahrer aufgrund des weit nach hinten oben wandernden Schwerpunkts das Handling merklich, und der Sozius rutscht dem Fahrer bei Bremsmanövern ein ums andere Mal ins Kreuz. Wer allerdings solo auf große Reise gehen will, ist mit der GSX 750 F gut bedient.

Einer der Hauptkritikpunkte, das schlechte Kaltlaufverhalten des Motors, wird auch mit dem L-Modell ab 1990 nicht aus dem Weg geräumt. Die sehr mager abgestimmte 36er Mikuni-Vergaserbatterie verlangt ein feinfühliges Händchen bei der Bedienung des Chokes, allzu leicht jubelt der Motor entweder verschleißfreudig hoch oder stirbt einfach kraft- und »saft«los ab.

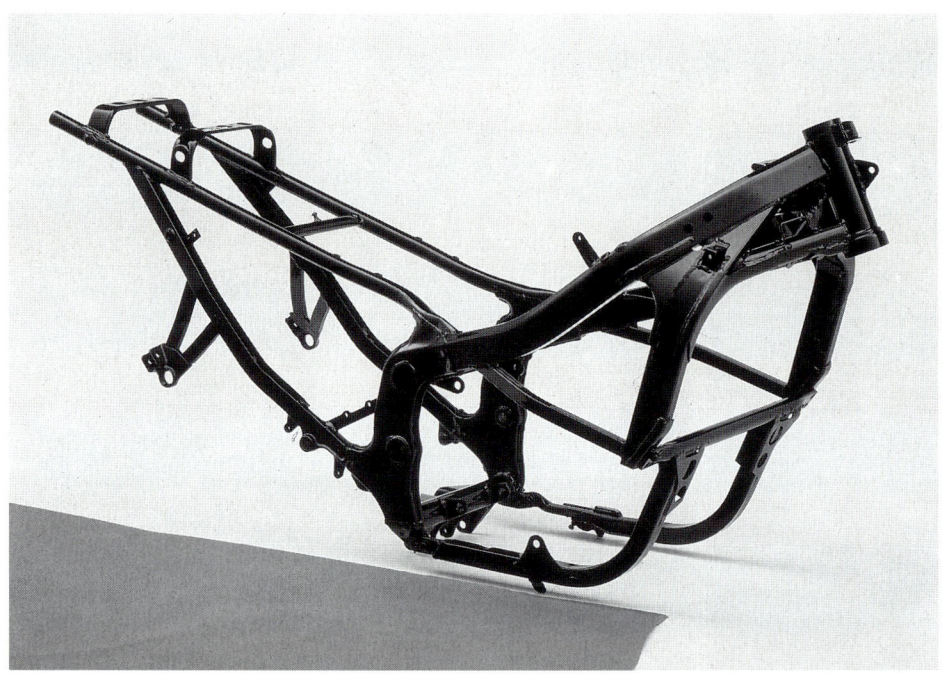

Stattdessen beschränkten sich die Suzuki-Techniker darauf, eine eigentlich akzeptable Abstimmung des hinteren Federelements schlechter zu machen. Leiser Kritik aus Reihen der Fachpresse über eine bei extremer Beladung schwächelnde Zugstufendämpfung will man nun mit einer viel zu hart gewählten Zugstufe entgegentreten. Hinzu kommt, daß die Einstellung jetzt nicht mehr komfortabel mittels Handrad über einen Bowdenzug erfolgt, sondern nur schwer zugänglich direkt unten am Dämpferelement. Darüber hinaus rückte die stufenlose Verstellmöglichkeit für die Federbasis fast unerreichbar ans obere Ende. Per Handrad kann nun vielmehr die zusätzliche Druckstufenregulierung erfolgen, die in zwanzig Stufen unterteilt wurde.

Überarbeitet wurden auch die Dämpfungselemente der Gabel, allerdings ohne große Auswirkungen. Glücklicherweise, denn die Gabel arbeitete bisher im großen und ganzen zufriedenstellend. Die Kosten für die vermeintlichen Verbesserungen lassen

Der Stahlrahmen der GSX 600 F ist nicht gerade ein ästhetischer Genuß. Die Verschalung der 600er wurde ebenfalls im Windkanal optimiert.

Hervé Moineau auf dem Weg zum Weltmeistertitel: Erst 1987 – nachdem man zwei Jahre lang dem Titel vergeblich hinterhergefahren ist – gewinnt Suzuki mit der GSX-R die Endurance-WM.

Noch einmal Hervé Moineau: Diesmal sehen wir den Franzosen auf dem Vorbild für die Serien-GSX-R – dem Langstreckenrenner von 1983 mit dem großen 1000er Zweiventilmotor.

Zweimal rennt Ernst Gschwender dem deutschen Superbike-Titel vergeblich hinterher, erst im dritten Rennjahr schafft er mit der GSX-R 750 den Titel.

Respekteinflößend: Mit der Suzuki GSX-R wurde das aus der Langstreckenszene kommende Doppelscheinwerfer-Gesicht salonfähig.

Bereits bei ihrer Präsentation in Japan erweist sich die GSX-R 750 als absolut rennstreckentaugliches Motorrad.

»Bauer mit Power« –
diese Bezeichnung hört
der Münchener Ernst
Gschwender sicher nicht
ungern. Mit der GSX-R
750 (oben 1985, rechts
1987) erringt er zwei Su-
perbike-Meisterschaften.

Auch die mächtige GSX-R 1100 kann ihre Rennsportvergangenheit kaum leugnen. Auch sie verfügt über ein sehr handliches Fahrwerk mit enormer Bodenfreiheit.

Unauffällig, aber gut: Die GSX 750 F steht zwar imagemäßig eindeutig im Schatten der sportlichen GSX-R – für Otto-Normal-Fahrer wäre sie häufig dennoch die bessere Wahl.

Die letzte: Die letzte ölgekühlte GSX-R 750 wird zur bestverkauften Maschine der gesamten Baureihe überhaupt. Sie präsentiert GSX-R-Technik auf höchstem Niveau.

Darauf, daß die Öl-
kühlung vielleicht doch
nicht der Weisheit letzter
Schluß ist, weist dieses
Bild hin: Schon die 1989
vorgestellte GSX-R 750 R
braucht einen zweiten Öl-
kühler, der mithelfen soll,
die Schmierstoff-Tem-
peraturen in erträglichen
Grenzen zu halten. Im
Rennbetrieb leidet das
GSX-R-Triebwerk häufig
unter Überhitzungs-
erscheinungen.

Gesuchtes Stück: Nur wenige Maschinen der »Special Edition« kamen nach Deutschland. Vor allem die Trockenkupplung und die Solositzbank unterscheiden diese Version vom Basismodell.

den Kaufpreis von ehemals 12.280 auf nunmehr 12.740 Mark steigen. Eine immer noch akzeptable Summe für ein Motorrad, das den Schwerpunkt eher auf innere Werte, denn auf effektheischendes Outfit legt. Das 1991 folgende Modell M besitzt nur noch geringfügige Änderungen, und wird daher zu Anfang noch zum gleichen Preis verkauft. Suzuki bleibt seiner Preispolitik auch in den folgenden Jahren treu, Anfang 1994 kostet die 750er immer noch günstige 13.790 Mark.

Wählerisch sollten GSX 750 F-Besitzer bei der Wahl ihrer Reifen sein, auf andere Reifenmarken als die ab Werk montierten Metzeler-Pneus reagiert die Maschine höchst sensibel und quittiert dies in vielen Fällen durch ein unruhiges Fahrverhalten bei hohen Geschwindigkeiten und Handling-Einbußen. Während eines Langstreckentests von MOTORRAD stellte man bei forcierter Autobahnfahrt erhöhten Ölverbrauch fest, der auf verhärtete Ventilschaftdichtungen zurückzuführen war. Hauptkritikpunkt ist aber auch hier der schlechte Kaltlauf, der zudem für leichte Freßspuren an den Kolbenhemden verantwortlich sein dürfte.

Der Motor muß, bis er ordentlich rundläuft, einfach zu lange mit Gemischüberfettung gefahren werden. Das wäscht aber den Schmierfilm von der Laufbuchse, und so entstehen die häßlichen Laufspuren an den Kolben.

Außerdem sollten, wie bei den anderen beiden Modellen, die Inspektionsintervalle tunlichst eingehalten werden. Bei unkorrektem und ungleichem Spiel zweier von einem Gabelschlepphebel betätigter Ventile ergeben sich Verschleißspuren an Nockenwellen und Schlepphebeln. Ansonsten hört man aus GSX 750 F-Fahrerkreisen eigentlich nur zufriedene Stimmen, die vor allem die guten Allroundeigenschaften loben. Das günstige Preis-Leistungsverhältnis läßt dabei immer noch einen gewissen finanziellen Spielraum für Extratouren.

GSX 600 F: Die Allround-Sprinterin

Daß Suzuki bei der vorhandenen Motorenpalette mit GSX-Reihenvierzylindern dieses Konzept nach unten ausbauen würde, war eigentlich jedem Kenner der Szene klar, zumal die Konkurrenz ähnliche Modelle bereits anbietet (siehe Honda CBR 600 F, Kawasaki GPX 600 R). Allerdings rechnen die meisten eher mit einem Ableger der sportlichen GSX-R-Reihe, der eben diese 600 Mittelklasse-Kubik mitbringen müßte. In puncto Hubraum soll man recht behalten. Überraschenderweise präsentiert Suzuki dann aber noch im Erscheinungsjahr der GSX 1100 F eine kleinere Schwester mit Sporttourer-Ambitionen. Gegen Ende 1987 hat die Presse Gelegenheit, die verschalte 600er erstmals zu fahren.

Schon erste Fotos deuten an, daß das tourenorientierte Sportkonzept im Falle der 600er eher den Schwerpunkt auf Sportlichkeit legt. Die Verkleidung fällt deutlich zierlicher aus als beim großen F-Modell. Beim Probesitzen wird die Annahme bestätigt, daß die 600er F weniger für lange Urlaubsreisen konzipiert wurde. Fällt die Sitzposition für den Piloten noch sportlich-kommod mit einer leicht geduckten Haltung hinter den angeschellten Lenkerstummeln aus, hat der Sozius auf dem hoch angesiedelten zweiten Sitzplatz mit weit oben montierten Fußrasten kaum Grund zur Freude auf eine längere gemeinsame Tour. Die stark angewinkelte Beinhaltung erfordert vom Mitfahrer Nehmerqualitäten, die hohe Sitzfläche verbannt ihn ohne ausreichenden Kontakt zum Fahrer quasi auf einen Folterstuhl.

Auf den ersten Fahrkilometern wird der Eindruck bekräftigt, daß es sich bei der 600 F weniger um eine reiseorientierte Maschine handelt. Erweisen sich die Federelemente im Solobetrieb bis auf die etwas lasche Dämpfung des hinteren Federbeins als praxisgerecht, so stößt eben diese Fahrwerkskomponente mit Beifahrer schon früh an ihre Grenze. Die Techniker von Suzuki haben es schlichtweg versäumt, dem Federelement eine entsprechende Anpassungsmöglichkeit der Dämpfung zukommen zu lassen. Allein die Justierung der Federrate reicht keinesfalls aus.

Ausreichen dürfte hartgesottenen Tourenfahrern aber mit Sicherheit die gebotene Motorleistung. Das von der GSX-R 750 stammende und auf 600 Kubik heruntergebuchste Triebwerk zeigt sich agil und drehfreudig. Zwar erreicht es in Sachen Höchstleistung im Reigen sportlicher 600er nicht absolute Bestwerte, sportlicher Fahrweise ist es aber durchaus nicht abgeneigt. Die zur Verfügung stehenden 86 PS bei 11.000 U/min und das enggestufte Sechsganggetriebe erlauben flotte Gangart und sind überaus bedienerfreundlich. Im unteren und mittleren Drehzahlbereich setzt die Leistung angenehm sanft und sauber dosierbar ein, so daß auch Fahranfänger bei Fahrten auf regennasser Straße nicht vor unlösbare Aufgaben gestellt werden.

Dazu paßt das leicht zu dirigierende und handliche Fahrwerk, enge Kehren lassen sich ohne Schlenker mit sauberem Strich durchfahren. Beim Bremsen in Schräglage benimmt sich die kleine Suzi dank der nicht allzu üppig ausfallenden Bereifung (110/80 V 17 vorn, 140/80 V 17 hinten) fromm wie ein Lamm. Das liegt auch an der hervorragend dosierbaren und bei Bedarf kräftig zupackenden Doppelscheiben-Bremsanlage vorn. Solcher Qualitäten bewußt, liefert Suzuki die 600er auch mit einsteigergerechten 27 oder versicherungsgünstigen 50 PS aus.

Schade ist nur, daß der wunderschön anzuschauende, feinverrippte Vierzylinder hinter der Verkleidungsschale und dem für die F-Baureihe typischen Stahl-Brückenrahmen verborgen bleibt. Letzterer sieht weit weniger spektakulär als die Leichtmetall-Pendants der R-Modelle aus, unterm Strich erweist er sich in puncto Fahrstabilität aber als absolut

ausreichend. Wozu sündhaft teures Aluminium, wenn kostengünstiger Stahl den Ansprüchen ebenso gerecht wird? Immerhin lassen sich bei der Kalkulation so wieder einige Yen einsparen, was dem Kaufpreis und damit dem Kunden zugute kommt. Weniger schön sind allerdings die Einsparungen beim Schweiß-Personal, der Computer erledigt hier seine Aufgabe weit weniger pflichtbewußt. Bei etlichen Fahrzeugen zeugen Schweißspritzer und unsauber ausgeführte Nähte von diesen Sparmaßnahmen.

Zum Glück bleiben solche Fehlleistungen hinter der Rundum-Kunststoffschale verborgen. Die Verkleidung bietet dem Piloten bei hohen Geschwindigkeiten befriedigenden Windschutz, so daß sich zumindest solo gute Reiseschnitte verwirklichen lassen. Die Ölstandskontrolle erfolgt per Sichtglas, Nachfüllen gerät dank kreisrundem, abnehmbaren Deckel rechts unten in der Verkleidung zum Kinderspiel. Weniger bedienungsfreundlich zeigt sich der ungünstig an der Vergaserbatterie plazierte und zudem nur schwer dosierbare Choke, der allerdings ab dem '89er Modelljahrgang an die Lenkerarmaturen rückt.

Die GSX 600 F wird zum echten Dauerbrenner im Suzuki-Programm. Das liegt an ihren guten Allround-Eigenschaften und am ungemein günstigen Preis. Mit 9.990 Mark ist sie bei ihrer Präsentation etwa einen Tausender billiger als die direkte Konkurrenz. Im Zuge der technischen Weiterentwicklung wird sie aber nur unwesentlich teurer, während die leistungs- und fahrwerksoptimierte Konkurrenz in hochpreisige Regionen abdriftet. Das sichert der kleinen F über Jahre ihren Stammplatz auf dem Markt. Anfang 1994 kostete sie günstige 11.290 Mark inklusive Nebenkosten.

Und das, obwohl auch sie im Laufe der Jahre einige Modellüberarbeitungen erfuhr. Das '89er K-Modell (Preis: 10.260 Mark) erhält beispielsweise in der Zugstufendämpfung einstellbare Federelemen-

Die GSX 600 F bleibt – wie die größere GSX 750 F auch – bis auf wenige Retuschen während ihrer gesamten Bauzeit unverändert. Lediglich der Vergaserdurchmesser wächst von 31 auf 33 Millimeter.

te vorn und hinten, hohlgegossene Dreispeichen-räder, den schon erwähnten, am Lenker plazierten Chokehebel, eine Schalldämpferabdeckung aus rostfreiem Stahl, einen neuen Bremslichtschalter, schwimmend gelagerte Bremsscheiben vorn, eine breitere Hinterradschwinge, andere Bremsbeläge hinten, eine andere Kettenradtrommel sowie einen verstellbaren Handbremshebel.

Außerdem wächst die Leistung der Lichtmaschine von 250 auf 360 Watt. Die 1990 erscheinende L-Version (Preis: 10.630 Mark) wird nochmals mit im Durchlaß 33 Millimeter messenden Slingshot-Vergasern aufgewertet (vorher 31-mm-Flachschie-ber-Gleichdruck), was sich aber auf dem Papier nicht auf die Leistungsdaten auswirkt. Tatsächlich erreichte die 600er bis dato auf dem Rollenprüf-stand »nur« 83 PS, nun bringt sie es dank zusätz-lich geänderter Steuerzeiten und Ventilhübe auf echte 86 PS. Das Modell M erfährt zuletzt nur noch geringfügige, meist optische Retuschen im Dekor. Warum sollte Suzuki auch ein so erfolgreiches Motorrad stärkerer Überarbeitung unterziehen? Das ginge auf Kosten des Preises und damit des bisher auch so zufriedenen Kunden.

Zu den typischen Schwächen zählen neben den bereits erwähnten bei einigen Modellen quellende oder einreißende Vergasermembranen sowie kor-rodierende Auspuffanlagen. Ansonsten gilt die GSX 600 F als absolut zuverlässig und genügsam.

Optisch schon fast eine
GSX-R: Anhand dieses
Langstreckenrenners
vom Anfang der achtziger
Jahre läßt sich leicht
nachvollziehen, woher
das Design der GSX-R-
Reihe stammt.

Endurance –
basisnah zur Weltmeisterschaft

Die Basis für eine erfolgreiche Rennmaschine – klar, daß dies eine der Zielsetzungen bei der Konstruktion der GSX-R 750 gewesen ist. Und dahin, woher sie optisch zu stammen scheint, da soll sie logischerweise auch wieder hin: auf die Langstrecke, in die mörderischen Materialschlachten von bis zu 24 Stunden Dauer.

Konsequenterweise bietet das Werk von Anfang an Tuning-Kits an, die die neue 750er entweder in einen Kurzstreckenrenner oder halt in eine erfolgversprechende Langstrecken-Rennmaschine verwandeln. Das Angebot des Werkes geht jedoch über die Vorbereitung eines sogenannten Tuning-Kits hinaus, der die wesentlichen Teile für die Präparation eines Serienmotorrads umfaßt. Es gibt sogar direkt im Werk aufgebaute Maschinen. Suzuki fertigt zunächst acht Werksprototypen für 1985, hauptsächlich für das inoffizielle französische Werksteam S.E.R.T – Suzuki Endurance Racing Team – unter Führung von Dominique Méliand. Später kommen noch zwei Maschinen für England und ebenfalls zwei für Deutschland hinzu. Eine Maschine von den ersten acht landet bei einem schwedischen Privatteam, das ein bißchen vom schwedischen Importeur unterstützt wird. 48 Stunden vor der technischen Abnahme zum nicht zur Weltmeisterschaft zählenden 24-Stunden-Rennen von Le Mans 1985 holt das Team die Maschine aus dem Zoll auf dem Charles de Gaulle-Flughafen in Paris. Dem schwedischen Duo Anders Andersson und Per Jansson scheint wenig später dennoch das Unmögliche zu gelingen: Die beiden Wikinger liegen nach zwei Rennen in Monza, wo die Mannschaft den zweiten Rang belegt, und in Zeltweg, wo man das Rennen siegreich beenden kann, gemeinsam mit dem französischen Honda-Team Coudray/Igoa, das ebenfalls einen Sieg und einen zweiten Platz vorweisen kann, an der Spitze der Weltmeisterschaft. Als die Honda-Fahrer nach einem Sturz in Japan ohne Punkte nach Europa zurückkehren, liegen die beiden Schweden mit einem Vorsprung von drei Punkten – nach ihrem achten Platz auf Suzuka – sogar an der Spitze der Tabelle. Ein fünfter Platz in Belgien und je ein Sturz auf dem Nürburgring und beim Bol d'Or beenden den Weltmeisterschafts-Traum des kleinen Teams. Wieder kommt Honda mit der RFV 750 zum WM-Titel, aber dennoch bleibt festzuhalten, daß die Suzuki durchaus konkurrenzfähig ist. Hätten die französischen Werksfahrer – Oudin/de Radigues und Moineau/Hubin – im ersten Rennjahr der GSX-R nicht so viele Fehler gemacht, hätte es ein Traumdebüt für die neue Maschine geben können. Hinter den beiden führenden Honda-Fahrern belegen nämlich eine ganze Reihe von Suzuki-Piloten die nächsten Ränge der Schlußwertung.

Was die Suzuki in ihrem ersten Jahr allerdings bringt, ist Leben in die Szene. Die Werks-Hondas haben zwar den WM-Titel gewonnen, aber die Möglichkeit, an konkurrenzfähige Alternativen zu kommen, bringt seit langer Zeit wieder einige sehr gute Privatteams hervor. Konkurrent Yamaha begnügt sich mit einem werkspräparierten Motor für Le Mans und mit zwei Werkseinsätzen: Beim in Japan extrem wichtigen Acht-Stunden-Rennen von Suzuka und beim legendären Bol d'Or in Le Castellet schiebt man eine Genesis an den Start. Außerdem versuchen viele kleinere Teams etwas Vernünftiges aus dem japanischen Fünfventiler zu machen, und Yamaha ist in dieser Saison '85 auch gut vertreten. Vor allem aber sind es unzählige Suzuki GSX-Rs – mit oder ohne Kit –, die für die Breite des Starterfeldes sorgen. Im gleichen Jahr gibt's übrigens erstmals doppelte Punkte bei den 24-Stunden-Rennen, was die Chancen für die Privatteams weiter verbessert.

Die Maschinen, die vom Werk präpariert wurden, unterscheiden sich in einigen Details von den Kit-Rennern und natürlich auch von der Serienausführung. Offiziell wird die Leistung der Semi-Werksrenner mit 119 PS bei 11.500 U/min angegeben, was wohl eine sehr zurückhaltende Angabe – im Hinblick auf die 130 Pferde der Hondas und Yamahas – sein dürfte. Da die Endurance-Maschinen nach dem TT-F1-Reglement fahren, können die Suzukis auf 34-mm-Mikuni-Flatslide-Vergaser umgerüstet werden. Die Verdichtung variiert: 11,8:1 für längere Rennen und 12,5:1 für kürzere. Außerdem haben die Werksmaschinen eine Trockenkupplung, die sich von der der Kit-Version unterscheidet, und ein anderes Zündsystem (Suzuki) mit einem Drehzahlbegrenzer, der bei 13.000 U/min einsetzt.

Der beim Werksrenner hinten verbaute Showa-Dämpfer kann, außer in der Federvorspannung, in der Dämpfer Zug- und Druckstufe jeweils achtfach verstellt werden. Die 40-mm-Showa-Gabel wiederum kann um 50 Millimeter in der Federvorspannung verstellt werden und verfügt über ein Anti-

Dive-System mit vier Stufen. Die Räder kommen von Campagnolo in Italien – 2.75 x 18 und 4.00 x 18. Verzögert wird mit ebenfalls italienischen Vierkolbenzangen von Brembo, die hinten durch eine einfache Suzuki-Zange ergänzt werden. Die rennfertige Maschine wiegt 160 Kilogramm.

Im ersten Jahr werden wie erwähnt etwa zehn solcher Maschinen gebaut, darunter zwei für das englische Heron-Team für die britische Formel-1-Serie. Genauere Zahlen sind schwierig zu bekommen, fest steht, daß die beiden Maschinen in Deutschland für die Suzuki-Deutschland-Vertragsfahrer Mario Rubatto und Ernst Gschwender ebenfalls reine Werksmaschinen sind.

Mit den Werksmaschinen und mit den Kits bekommt man auch ein Handbuch, anhand dessen jeder Käufer lernen soll, wie der Motor einzustellen ist. Der Kit umfaßt das Übliche, unter anderem komplette Zylinderköpfe, Kurbelwellen, Pleuel,

Der Tuningkit für die GSX-R 750 enthält unter anderem auch eine Trockenkupplung.

Kolben und Nockenwellen sowie eine Trockenkupplung. Der Kit wird außerdem in zwei Versionen angeboten: für Langstrecken- und für Kurzstreckenrennen. Zur Erklärung: Viertaktrennen befinden sich noch in ihrer Anfangsphase, und die Superbike-Klasse in ihrer heute bekannten Form gibt es zumindest in Europa noch nicht. Das Werk sieht deshalb vor allem einen Einsatz in der Langstreckenszene vor, aber die amerikanischen Viertakt-Rennen und die englische Formel-1-Serie verlangen nach explosiverer Leistung auf kürzeren Distanzen. Die TT-Formel-1 scheint zu dieser Zeit der Weg in die Zukunft der Viertaktrennerei zu sein. Daß die GSX-R 750 für die Langstrecke gut geeignet ist, daran zweifelt niemand, wenn auch die Resultate des ersten Jahres die Hoffnungen nicht erfüllen können, dies aber wie schon beschrieben aus anderen Gründen. Das Handbuch beschreibt sehr detailliert, wie Nockenwellen und Zündung abhängig vom Einsatzbereich eingestellt werden müssen, aber auch, welche Zylinderkopfdichtungen verwendet werden müssen, was wiederum entscheidend für die Verdichtung und den folgenden Verbrennungsablauf ist. Die Vergaserbestückung besteht entweder aus vier 29-mm- oder vier 34-mm-Flatslide-Einheiten. Später kommen allerdings noch bedeutend größere Sachen zum Einsatz. Schon 1986 gibt es 38er Flatslide-Gasfabriken aus Magnesium zu kaufen. Das Superbike-Reglement, das die Verwendung der Originalvergaser vorschreibt, kommt für die Formel-1 und die Langstrecke noch nicht zur Anwendung.

Das Werk baut etwa fünf Maschinen für die Saison 1986 – gemäß dem Formel-1-Reglement – mit blankpolierten Fahrgestellen und einigen pfiffigen Details, wie etwa die Schnellverstellung der Fahrzeughöhe hinten. Der Mechaniker muß nur eine Kontermutter lösen und dann eine Titanschraube hinein- oder herausschrauben, um die gewünschte Höhe einzustellen.

Im Jahre 1986 können einige gute Resultate verbucht werden. Kevin Schwantz, zu jener Zeit noch ein ziemlich grüner Junge, wird auf einer Yoshimura-Suzuki Zweiter in Daytona. In der TT Formel-1-WM wird der Brite Paul Iddon ebenfalls Zweiter hinter Joey Dunlop auf der Honda, die zu jener Zeit eine schier unschlagbare Kombination darstellen und den Titel fünf Jahre hintereinander gewinnen. Der Schwede Anders Andersson, der immer noch gute Kontakte zum Werk hat, wenngleich ihm eine direkte Unterstützung auch verweigert wird, wird 1986 mit einer von ihm und der schwedischen Tuningfirma MotoSpeed präparierten Maschine Dritter der Weltmeisterschaft. In den sogenannten Transatlantic Races an Ostern – eine Art Länderkampf zwischen den USA und England – siegt Schwantz mit seiner Suzuki in der Einzelwertung.

Die Langstrecken-Weltmeisterschaft beendet die beste Suzuki – Moineau/le Bihan – erst auf dem vierten Platz, weil in diesem Jahr (1986) die Hondas auch hier nahezu unschlagbar sind.

Alle Tuningmaßnahmen für die Suzuki basieren auf dem Renn-Kit vom Werk. Die Maschine basiert zu einem sehr großen Teil auf vorhandenen Bauteilen, einige Chassis-Teile zum Beispiel können direkt vom Zweitakt-Renner RGB 500 übernommen werden. Andere Lösungen stammen von der letzten 1000er Langstrecken-Rennmaschine GS 1000 R, die ja quasi als Vorlage für die Entwicklung der GSX-R gedient hat. Yoshimura allerdings entwickelt ein besonderes Verhältnis zum Werk. »Pops« arbeitete ja – schon erzählt – mit an der Entwicklung der ersten Prototypen, erprobte vor allem die Grenzen der Standfestigkeit und entwickelte dabei auch den beschriebenen Tuning-Kit. Diese Zusammenarbeit läuft noch viele Jahre lang weiter.

Die XR 51, die zweite Ausführung der Werksmaschine, die ab Suzuka 1985 zum Einsatz kommt, dient auch als Basis für die '86er Version. Ohne

Luftfilterkasten kann das Rahmenheck verstärkt, der Benzintank tiefer gelegt und auch im Fassungsvermögen auf 24 Liter erweitert werden. Für dieses Baujahr erhält der Schwede Andersson Rohlinge vom Werk – im Tausch gegen Konstruktionszeichnungen von MotoSpeed – und kann so über den Winter ganz neue Zylinderköpfe entwickeln. Diese Arbeit führt dazu, daß die schwedische GSX-R, die sogenannte 85 B, häufig schneller ist als die französischen S.E.R.T.-Boliden. An dieser Stelle ein paar technische Daten der Andersson-Suzuki von 1986: Leistung: 145 PS bei 12.500 U/min; Drehmoment: 8,51 kpm bei 9.000 U/min; Verdichtung: 12,8:1; Ventile: Ausl. 24 mm/Einl. 27 mm; Vergaser: 4 x Mikuni Flatslide 36 mm; Radstand: 1.425 mm; Lenkwinkel: 26 Grad; Nachlauf: 95-100 mm; Öhlins 43-mm-Upside-down-Gabel; Felgen: Marvic 17 und 18 Zoll.

1986 soll die Langstrecken-Rennmaschine mit 34-mm-Flatslide-Vergasern 132 PS bei 12.000 Umdrehungen leisten, eine Angabe die für 1987 auf 135 bei weiterhin 12.000 U/min steigt.

1987 endlich gewinnt S.E.R.T. mit Moineau und le Bihan die Endurance-WM für Suzuki, und Paul Iddon wird mit seiner Suzuki Dritter in der TT-Formel-1-WM. Jetzt wird die Suzuki auch als gute Basis für Privatfahrer anerkannt, die weitere Entwicklung seitens des Werkes aber hört nun mehr oder weniger auf. Man zögert, da zu dieser Zeit niemand so genau sagen kann, welcher Rennklasse die Zukunft gehören wird: Superbike oder Formel-1.

Die ersten Superbike-Einsätze auf internationalem Parkett lassen die Suzuki wegen mangelnder Leistung schlecht aussehen. In Deutschland ist das kein Problem, weil die Vergaserwahl noch freigestellt ist. Theorien über den negativen Einfluß des angeblich zu kurzen Hubs kommen in Umlauf. Mit der Originalbestückung weigert sich der Motor auch tatsächlich, richtig zu arbeiten. Einige Tuner

– wie zum Beispiel MotoSpeed in Schweden – bauen aus Rohlingen neue Zylinderköpfe, rücken die 10-mm-Zündkerzen näher an die Auslaßventile heran und erhalten so einen optimierten Verbrennungsverlauf. Yoshimura wählt eine ähnliche Lösung und rollt eine Maschine mit einem superkurzen Hub in Daytona an den Start. Damit gewinnt Kevin Schwantz dann auch prompt das berühmte 200-Meilen-Rennen. Seine Teamkollegen Jamie James und Scott Russell – jawohl, der heutige Kawasaki-Fahrer! – belegen mit einer weiterentwickelten Version 1989 die beiden ersten Plätze der amerikanischen Meisterschaft.

Inzwischen hat Suzuki 1988 den zweiten Titel in der Endurance-WM gewonnen, diesmal mit Moineau und Thierry Crine als Stallgefährten. Die WM dieses Jahres ist eine sehr kurze Serie mit nur drei Rennen, was dazu führt, daß die Klasse ihren WM-Status für einige Jahre verliert.

Inwischen weiß man, daß diese Erfolge nicht nur auf den üblichen Tuningmaßnahmen basieren. In den erfolgreichen Motoren finden sich versetzte Pleuel, total neue Brennräume und eine Bohrung von satten 73 Millimetern. Die supergroßen Ventile gehören jetzt zum Standard (24 bzw. 27 mm) der schnelleren Teams – diese Ventile zu verwenden ist allerdings nicht jedermann möglich, weil Zylinderkopf-Rohlinge nur in kleiner Zahl vom Werk vergeben werden.

Ein technischer Vergleich mit den jetzigen wassergekühlten Modellen zeigt, daß Suzuki vielleicht schon zu dieser Zeit mehr Leistung aus dem Motor von 1988 hätte kitzeln können. Einige Tuner experimentieren mit engeren Einlaßtrakten und können dank höherer Gasgeschwindigkeiten endlich Harmonie in die Sache bringen.

Daß große Vergaser sehr wohl mit dem ultrakurzen Hub harmonieren können, beweist wohl auch der dritte Platz im Abschlußrennen der Saison '88 in Villa Real durch Anders Andersson.

Typische Langstrecken-
Szene: Fahrerwechsel,
Nachtanken und Reifen-
wechsel beim 24-Stun-
den-Rennen im belgi-
schen Spa-Francor-
champs. 1987 wird Suzuki
Langstrecken-Weltmeister.

Ernst Gschwender tritt
mit dieser Werks-
maschine auf GSX-R-750-
Basis 1985 und '86 gegen
die hubraumstärkere
Konkurrenz in der deut-
schen Superbike-
Meisterschaft an.

Superbike – nur in Deutschland wirklich erfolgreich

Im März 1976 geht auf dem Daytona-Speedway im US-Bundesstaat Florida das erste Rennen unter dem Namen »Superbike« über die Bühne. Die gleiche Klasse stand ein Jahr zuvor zwar auch schon auf dem Daytona-Programm – aber noch unter dem Namen »Super Production«. Diese Bezeichnung beschreibt sicher besser, womit in dieser Rennformel eigentlich gefahren wird: mit verbesserten Serienmaschinen nämlich.

Wie überall auf der Welt hat Mitte der siebziger Jahre auch in den USA der Zwei- den Viertakter aus den Siegerlisten verbannt. Weder in den klassischen Grand-Prix-Klassen noch in der Formel 750 kann man mit Viertakt-Motorrädern Lorbeeren ernten. Das wiederum gefällt einigen Enthusiasten – unter ihnen auch der aktuelle Promotor unserer deutschen Superbike-Meisterschaft Steve McLaughlin – gar nicht. Die auf ihre Initiative entstandene neue Formel schreibt vor, daß die Rennmotorräder auf einer Produktionsmaschine basieren und – selbstverständlich – mit einem Viertaktmotor ausgerüstet sein müssen. Die neue Formel entwickelt sich schnell zum Publikumsmagneten – schließlich kann man da auf der Rennstrecke die »eigene« Maschine um den Sieg fahren sehen –, und deshalb engagieren sich schon bald fast alle großen Motorrad-Hersteller: Kawasaki, Honda, Ducati und auch Moto Guzzi sind schon früh dabei. Verantwortlich für dieses Engagement ist wohl vor allem ein Passus im US-Superbike-Regelwerk – nämlich der, der die optische Nähe der Rennmaschine zur Serienbasis festlegt. So segeln die amerikanischen Superbiker – jedenfalls die auf japanischen Fabrikaten, die ja zu jener Zeit fast ausnahmslos nicht mit einer Verkleidung ausgerüstet sind – an breite Lenkstangen geklammert reichlich spektakulär um die Ecken.

In etwa parallel zu dieser Entwicklung in den USA entsteht in Europa und in Japan die sogenannte TT-Formel 1. Seitdem die Grand-Prix-Stars sich nämlich weigern, mit ihren ultaschnellen Zweitaktern auf der Isle of Man um Kopf und Kragen zu fahren, gehen die Rennen auf der kleinen Insel in der irischen See ohne WM-Status über die Bühne – eine Entwicklung, die man dort gar nicht so gerne sieht. Flugs wird eine neue Klasse aus der Taufe gehoben – eben die TT-Formel 1 – und in einem einzigen Rennen der Weltmeister dieser Klasse ermittelt.

Und selbstverständlich gibt's auch hierzulande Rennfahrer, die sich partout nicht mit einem der kreischenden Zweitakter anfreunden können. Diese tummeln sich meist bei »Zuvis«- heute nennt man diese Motorradsportart »Rallye«- oder bei den europäischen Langstrecken-Wettbewerben. Unter diesen Piloten sind Rennfahrer wie Klaus und Bernd Caspers, Peter und Mario Rubatto, Helmut Dähne, Klaus Knatz, Alois Tost, Dieter Heinen und so weiter und so weiter. Zu diesen Fahrern gehört auch der Rheinländer Udo Stüsser. Der wiederum würde all diese Piloten gern in einer Rennserie sehen, die dem inzwischen sechs Jahre alten amerikanischen Vorbild ähnlich sieht. Stüsser organisiert für das Jahr 1983 eine Superbike-Serie, die sich sehen lassen kann: Bei zwölf Rennen fahren die Viertakt-Piloten um den noch inoffiziellen Titel eines deutschen Superbike-Meisters.

Zur Technik: Offen ist die neue Klasse für Motorräder, die nach dem in Europa und Deutschland gültigen TT-Formel-1-Regelwerk vorbereitet sind. Das bedeutet: Viertakter mit bis zu 1.000 Kubik Hubraum, der Motor muß von einem Serien-Triebwerk abgeleitet sein, für das Fahrwerk gibt's praktisch keine einengenden Vorschriften. Während in den USA die Superbikes ja von Anfang an als eine sogenannte Silhouette-Formel laufen, bei der die Rennmotorräder der Serie optisch gleichen müssen, nimmt man hierzulande den Umweg über das Formel-1-Regelwerk. Damit bekommt man zwar keine Superbike-Klasse im eigentlichen Sinne, aber immerhin ein volles Starterfeld. Denn tragende Säulen der ersten Superbike-Jahre in Deutschland sind vor allem die vielen Fahrwerks-Tuner – angefangen von Egli in der Schweiz, über Rau, Fischer und Jung bis hin zu Segale und Martin. Für diese bietet die neue Serie das ideale Betätigungsfeld und vor allem ein gutes Werbeforum.

Kommen wir zum Renngeschehen der ersten Jahre: Der »alte« luftgekühlte Vierzylinder-Kawasaki-Motor mit zwei Ventilen pro Zylinder bestimmt weitgehend das Geschehen. Die Vierzylinder-Pendants von Honda und Suzuki können zwar leistungsmäßig einigermaßen mithalten, bröseln allerdings deutlich öfter auseinander, als das die Kawasaki-Vierzylinder tun.

Die Saison '84 wird zum Triumphzug des Peter Rubatto. Sein Untersatz ist jene Performance-Kawasaki, mit der der französische Kawasaki-Importeur die Langstrecken-Weltmeisterschaft 1983 bestritten und die Jacques Cornu beim letzten Acht-Stunden-Rennen auf der Nürburgring-Nordschleife zum Sieg gesteuert hat. 1985 dann wird mit Andreas Hofmann – ebenfalls auf Kawasaki – ausgerechnet ein Schweizer der erste »richtige« deutsche Superbike-Meister, denn die Klasse ist inzwischen offiziell ins Meisterschafts-Programm der deutschen Motorradsport-Föderation OMK gehoben worden.

1986 geht der Titel an Michael Galinski, der in der Saison '85 die Ex-Werksmaschine von Peter Rubatto eingesetzt hatte und dann zu Yamaha gewechselt ist, wo ein aufgebohrter Yamaha-FZ 750-Motor im Bakker-Chassis zum Einsatz kommt. Den Titel gewinnt Galinski im letzten Rennen im Motodrom von Hockenheim auch dank der Hilfe von Martin Wimmer, der mit Galinskis Ersatzmaschine Meisterschafts-Konkurrent Ernst Gschwender auf der 750er Werks-Suzuki GSX-R 750 schlägt und ihm damit die entscheidenden Punkte abnimmt.

Jetzt endlich zu Suzuki: Seit 1985 setzt man in der Deutschen Superbike-Meisterschaft importeursseitig die GSX-R 750 ein – Ernst Gschwender ist von Anfang an der Top-Pilot. Sein erstes Rennen mit der Suzuki bestreitet er im April '85 auf dem neuen Nürburgring: Im strömenden Regen lenkt er eine absolut serienmäßige GSX-R 750 auf den sensationellen vierten Rang – Galinski gewinnt mit der Ex-Rubatto-Kawasaki. Zwei volle Jahre lang kämpft Ernst Gschwender mit der 750er gegen dicke 1000er, erzielt viele Siege und verfehlt die Meisterschaft jedesmal knapp.

Erst 1987 hat die Sporthoheit ein Einsehen mit dem armen Bayern: Das Hubraum-Limit für die Deutsche Superbike-Meisterschaft wird für Drei- und Vierzylinder-Motoren auf 750 Kubik gesenkt – Zweizylinder dürfen weiterhin mit einem vollen Liter Hubraum antreten. Das international mittlerweile gültige Regelwerk, das die Verwendung des Se-

Gschwenders Suzuki-
Renner von 1988 für die
Superbike-Weltmeister-
schaft. Die Maschine ent-
spricht optisch und ver-
gaserseitig der Serie und
leistet längst nicht soviel
wie die »offene« Version
für die deutsche Meister-
schaft, wo noch ein
anderes Regelwerk gilt.

rien-Fahrwerks und den Erhalt der Serien-Optik vorschreibt, mag man in Deutschland immer noch nicht übernehmen. So verfügt Ernst Gschwender zum Beispiel während der Saison '88 über zwei unterschiedliche Motorräder: eines nach dem international gültigen Reglement für die Superbike-Weltmeisterschaft und eine Maschine für die nationalen Rennen. Die beiden Motorräder unterscheiden sich wesentlich: Während die »deutsche« Version mit unlimitiertem Vergaser-Durchlaß und dem '87er Bohrung-/Hub-Verhältnis über 140 Pferde locker macht, muß sich die »internationale« Variante mit zehn Pferdestärken weniger begnügen. Folge: In Deutschland ist die Suzuki konkurrenzfähig, international nicht.

Doch sehen wir und die »deutschen« Superbike-Suzukis ruhig ein bißchen näher an: Als im Frühjahr im Schnee-Regen auf dem damals noch brandneuen Grand-Prix-Kurs das Auftaktrennen zur Deutschen Superbike-Meisterschaft '85 über die Bühne geht, ist die Suzuki GSX-R 750 noch ein taufrisches Motorrad. Und daß man mit der kleinen 750er gegen die dicken 1000er Viertaktrenner mit bis zu 150 PS überhaupt eine Chance haben würde, glaubt man auch nur bei Suzuki. Zu Recht, wie schon das vierte Saisonrennen 1985 – wiederum auf dem Nürburgring – beweist: Ernst Gschwender schafft mit seiner von Suzuki-Händler Kurz eingesetzten Werksmaschine den ersten Sieg. Klar, daß seine Siegermaschine sich von den käuflichen GSX-Rs deutlich unterscheidet. Apropos käuflich: Auch die Rennmaschine muß der deutsche Importeur im Werk bezahlen – satte 106.000 Mark wechseln den Besitzer. Pro Motorrad wohlgemerkt! Für soviel Geld aber erhält man immerhin ein Motorrad, das mit der Serie nicht allzuviel gemeinsam hat und seine Schlagkraft in den kommenden vier Jahren vielfach unter Beweis stellt. Gemeinsam mit der Serien-GSX-R haben die beiden Werksmaschinen eigentlich fast nur die Motorgehäuse-Teile. Die

Innereien präsentieren sich heftig überarbeitet, und das Chassis hat gar nur optische Ähnlichkeit mit dem der zivilen Version. Offensichtlich weiß man in der Suzuki-Rennabteilung bereits um die Labilität des wunderschönen Serienrahmens und verpaßt den Werksrennern ein handgefertigtes Alu-Fahrgestell, das sich noch wesentlich enger um den Motor schmiegt und dessen handgezogene Schweißnähte eine wahre Augenweide sind. Vorn kommt eine vielfach verstellbare Telegabel zum Einsatz, die von der hauseigenen 500er Grand-Prix-Maschine stammt. Das Full-Floater-System hinten ähnelt zwar ebenfalls der Serie, verfügt aber über eine deutlich stärkere Progression. Verglichen mit dem Serienmotorrad ist der Radstand der Rennmaschine um 35 Millimeter kürzer. Das trifft auch für den Vorderrad-Nachlauf zu: Beide Maßnahmen beeinflussen die Handlichkeit der Rennmaschine positiv. Vollgetankt bringt der gelbe Werksrenner lediglich 169 Kilogramm auf die Waage, ist also fast vierzig Kilo leichter als die Serienmaschine.

Kommen wir zum Motor: In den sogenannten Werksrennern steckt ein schlichter Kit-Motor, also ein Serientriebwerk, das mit den von »Pops« Yoshimura entwickelten Kit-Teilen veredelt worden ist. Äußerlich ist dieser Motor vom Serien-Pendant eigentlich nur durch die 7.500 Mark teure Trockenkupplung zu unterscheiden. Im Inneren hingegen geht's ans Eingemachte: Die Kanäle im Zylinderkopf sind geglättet und poliert, die größeren Ventile erleichtert und ebenfalls poliert, stärkere Ventilfedern und Ventilteller aus Titan sorgen gemeinsam mit leichteren Schlepphebeln dafür, daß der Motor die um 2.000 Touren höhere Enddrehzahl auch ohne mechanische Schäden verdaut und außerdem flotter hochdreht. Spezielle Gußkolben bringen eine höhere Verdichtung, die erleichterte Kurbelwelle und die ebenfalls sehr leichten Pleuel eine geringere Schwungmasse. Den Gaswechsel steuern Nockenwellen mit größerem Ventilhub und schärferen Steuerzeiten. Zwei Sachen unterscheiden die herkömmlichen Kit-Motoren dann doch von den hier beschriebenen Werks-Rennern: Die Auspuffanlage wird aus sündhaft teurem – 4.500 Mark kostet die Anlage –, aber auch extrem leichtem Titan hergestellt, und die Mikuni-Flachschieber-Vergaser mit 34 Millimeter Durchlaß gibt's ebenfalls nicht für jedermann zu kaufen. Die normalen Kit-Kunden müssen sich mit einem um einen Millimeter kleineren Durchlaß begnügen. 133 PS bei 11.500 Touren leistet das Superbike-Kraftwerk. Damit gehört die Suzuki in den letzten beiden Jahren für die großen 1.000er Superbikes

nicht zu den stärksten Motorrädern. Ihre Stärken sind die Überlegenheit des Fahrgestells, das geringe Gewicht und der problemlos zu handhabende Motor. Kurz gesagt: Ihr Vorteil ist die gelungene Kombination aller Komponenten, die erst aus einem starken Motorrad auch einen Siegertyp macht.

Trotz allem: In den ersten beiden Rennjahren reicht es für Ernst Gschwender nicht. 1985 zieht er noch recht deutlich, 1986 aber nur noch ganz knapp den kürzeren gegen die hubraumstärkere Konkurrenz. 1987 aber reduziert auch die deutsche Sport-Hoheit den Hubraum der Superbikes endlich auf die international längst üblichen 750 Kubik. Und prompt schlägt Ernst Gschwender – von den Erfahrungen der beiden letzten Jahre profitierend – gnadenlos zu. Sieg auf Sieg heftet er auf der inzwischen vom Importeur direkt eingesetzten – und deshalb nicht länger gelben, sondern weißen – Werks-GSX-R an die Suzuki-Fahnen. 1987 und '88 geht der deutsche Superbike-Titel an den »Bauer mit Power«, wie der Münchener Suzuki-Pilot auch gern genannt wird. 1989 aber langt es für den Ernst nur noch zu einem einzigen Sieg auf der kurvenreichen Piste von Colmar-Berg in Luxemburg. Offenbar ist die ölgekühlte GSX-R am Limit ihres Leistungsvermögen angelangt. Ernst Gschwender produziert bei hartem fahrerischen Einsatz mehrere Stürze, und auch die Mechanik gibt wiederholt den Geist auf.

Seitdem scheint es für das erfolgreichste Straßen-Superbike – eben die Suzuki GSX-R 750 – auf der Rennstrecke nichts mehr zu erben zu geben. Auch in der Superbike-Weltmeisterschaft bringen die blau-weißen Renner aus Hamamatsu kein Bein mehr auf die Erde, seit die strenge Silhouetten-Formel gilt, die die Verwendung des Serien-Fahrgestells und vor allem die der Serien-Vergaser vorschreibt. Sven Seidel holt 1990 den letzten nationalen Sieg einer ölgekühlten Suzuki GSX-R 750.

Alljährlich treten die besten GSX-R-Piloten der Welt in einem einzigen Rennen, dem sogenannten World-Cup-Final, gegeneinander an. Hier der inzwischen in Deutschland aktive Schwede Christer Lindholm im spanischen Jerez.

Modell	GSX-R 750 F	GSX-R 750 R Special Edition	GSX-R 750 G/H	GSX-R 750 J/K
Leistung (PS/kW)	100/74	100/74	100/74	100/74
bei Drehzahl (U/min)	11.000	11.000	11.000	10.200
max. Drehmoment (Nm/mkp)	66,5/6,8	66,5/6,8	66,5/6,8	70,3/7,2
bei Drehzahl (U/min)	10.000	10.000	10.000	9.800
Kühlung	Luft-/Öl	Luft-/Öl	Luft-/Öl	Luft-/Öl
Ölinhalt mit Filter (l)	5,0/4,5	4,8/3,5	5,0/3,8	5,8/4,8
Bohrung x Hub (mm)	70 x 48,7	70 x 48,7	70 x 48,7	73 x 44,72
Hubraum (ccm)	750	750	750	749
Ventilsteuerung	dohc, Gabelschlepphebel	dohc, Gabelschlepphebel	dohc, Gabelschlepphebel	dohc, Gabelschlepphebel
Ventile pro Zylinder	4	4	4	4
Verdichtung	9,8:1	9,8:1	9,8:1	10,9:1
Vergaser	Mikuni-Flachschieber	Mikuni-Flachschieber	Mikuni-Flachschieber	Mikuni-Slingshot-Gleichdruck
Anzahl/Durchmesser (mm)	29/4	29/4	29/4	36/4
Lichtmaschine	Drehstrom	Drehstrom	Drehstrom	Drehstrom
Leistung (Watt)	380	380	380	420
Zündung	kontaktlose Transistor	kontaktlose Transistor	kontaktlose Transistor	kontaktlose Digital-Transistor
Batterie (V/Ah)	12/14	12/14	12/14	12/14
Starter	Elektro	Elektro	Elektro	Elektro
Primärübersetzung	1,744	1,744	1,744	1,682
Sekundärübersetzung	3,000	3,000	3,000	2,933
1. Gang	2,769	2,769	2,769	2,769
2. Gang	2,063	2,063	2,063	2,063
3. Gang	1,647	1,647	1,647	1,647
4. Gang	1,400	1,400	1,400	1,400
5. Gang	1,227	1,227	1,227	1,227
6. Gang	1,095	1,095	1,095	1,095
Kupplung	Ölbad	Trocken	Ölbad	Ölbad
Rahmen	Leichtmetall-Doppelschleife	Leichtmetall-Doppelschleife	Leichtmetall-Doppelschleife	Leichtmetall-Doppelschleife
Federung vorn/Standrohrdurchmesser (mm)	Telegabel/41	Telegabel/41	Telegabel/41	Telegabel/43
Federweg vorn (mm)	130	130	130	120
Federung hinten	LM-Schwinge/Zentralfederbein	LM-Schwinge/Zentralfederbein	LM-Schwinge/Zentralfederbein	LM-Schwinge/Zentralfederbein
Federweg hinten (mm)	126	126	126	136
Reifen vorn	110/80 V 18 V240	110/80 V 18 V240	110/80 V 18 V240	120/70 ZR 17
Reifen hinten	140/70 V 18 V240	140/70 V 18 V240	140/70 V 18 V240	130/60 ZR 17 160/60 ZR 17
Bremse vorn	Doppelscheibe	Doppelscheibe	Doppelscheibe	Doppelscheibe
Durchmesser (mm)	300	310	300	310
Bremssättel	Vierkolben-Fest	Vierkolben-Fest	Vierkolben-Fest	Vierkolben-Fest
Bremse hinten	Scheibe	Scheibe	Scheibe	Scheibe
Durchmesser (mm)	225	225	225	240
Bremssattel	Zweikolben-Fest	Zweikolben-Fest	Zweikolben-Fest	Zweikolben-Fest
Länge (mm)	2.130	2.130	2.130	2.110
Radstand (mm)	1.430	1.430	1.455	1.410
Lenkerbreite (mm)	710	710	710	700
Sitzhöhe (mm)	780	800	780	785
Lenkkopfwinkel (Grad)	64	64	64	65
Nachlauf (mm)	107	107	107	99
Leergewicht (kg)	201	199	206/208	228
Zul. Gesamtgewicht (kg)	390	390	390	402
Tankinhalt/Reserve (Liter)	19/3,5	19/3,5	19/3,5/21/3,5	21/3,5
Verbrauch (l/100 km)	8,0	8,0	7,1	7,1
Beschleunigung 0-100 km/h (s)	3,9	3,8	3,9	3,7
Höchstgeschwindigkeit (km/h)	226	226	224	228
Preis (DM)	12.799	16.549	12.999	13.399

Modell	GSX-R 750 R K	GSX-R 750 L	GSX-R 750 M
Leistung (PS/kW)	100/74	100/74	100/74
bei Drehzahl (U/min)	10.200	10.500	10.500
max. Drehmoment (Nm/mkp)	70/7,1	71/7,2	71/7,2
bei Drehzahl (U/min)	9.800	9.300	9.300
Kühlung	Luft-/Öl	Luft-/Öl	Luft-/Öl
Ölinhalt mit Filter (l)	5,2/3,4	5,1/3,4	5,1/3,4
Bohrung x Hub (mm)	70 x 48,7	70 x 48,7	70 x 48,7
Hubraum (ccm)	750	750	750
Ventilsteuerung	dohc, Gabelschlepphebel	dohc, Gabelschlepphebel	dohc, Einzelschlepphebel
Ventile pro Zylinder	4	4	4
Verdichtung	11,2 : 1	11,0 : 1	11,0 : 1
Vergaser	Mikuni-Slingshot-Gleichdruck	Mikuni-Slingshot-Gleichdruck	Mikuni-Slingshot-Gleichdruck
Anzahl/Durchmesser (mm)	40/4	38/4	38/4
Lichtmaschine	Drehstrom	Drehstrom	Drehstrom
Leistung (Watt)	360	420	420
Zündung	kontaktlose Digital-Transistor	kontaktlose Digital-Transistor	kontaktlose Digital-Transistor
Batterie (V/Ah)	12/10	12/14	12/14
Starter	Elektro	Elektro	Elektro
Primärübersetzung	1,744	1,744	1,744
Sekundärübersetzung	2,60	2,867	2,867
1. Gang	2,38	2,769	2,769
2. Gang	1,88	2,063	2,063
3. Gang	1,63	1,647	1,647
4. Gang	1,45	1,400	1,400
5. Gang	1,29	1,227	1,227
6. Gang	1,26	1,095	1,095
Kupplung	Ölbad	Ölbad	Ölbad
Rahmen	Leichtmetall-Doppelschleife	Leichtmetall-Doppelschleife	Leichtmetall-Doppelschleife
Federung vorn/Standrohrdurchmesser (mm)	Telegabel/43	Upside-Down-Gabel/50	Upside-Down-Gabel/50
Federweg vorn (mm)	130	120	120
Federung hinten	LM-Schwinge/Zentralfederbein	LM-Schwinge/Zentralfederbein	LM-Schwinge/Zentralfederbein
Federweg hinten (mm)	136	136	136
Reifen vorn	130/60 ZR 17	120/70 ZR 17	120/70 ZR 17
Reifen hinten	170/60 ZR 17	170/60 ZR 17	170/60 ZR 17
Bremse vorn	Doppelscheibe	Doppelscheibe	Doppelscheibe
Durchmesser (mm)	310	310	310
Bremssättel	Vierkolben-Fest	Vierkolben-Fest	Vierkolben-Fest
Bremse hinten	Scheibe	Scheibe	Scheibe
Durchmesser (mm)	240	240	240
Bremssattel	Zweikolben-Fest	Zweikolben-Fest	Zweikolben-Fest
Länge (mm)	2.150	2.060	2.065
Radstand (mm)	1.405	1.415	1.420
Lenkerbreite (mm)	695	680	640
Sitzhöhe (mm)	800	795	790
Lenkkopfwinkel (Grad)	65	65	65
Nachlauf (mm)	99	99	100
Leergewicht (kg)	224	232	236
Zul. Gesamtgewicht (kg)	340	410	402
Tankinhalt/Reserve (Liter)	19/4	21/4	21/4
Verbrauch (l/100 km)	6,7	7,1	7,4
Beschleunigung 0-100 km/h (s)	4,1	3,5	3,4
Höchstgeschwindigkeit (km/h)	226	229	232
Preis (DM)	23.990	14.550	14.890

Modell	GSX 1100 F J	GSX 1100 F K	GSX 1100 F L
Leistung (PS/kW)	100 (74)	100 (74)	100 (74)
bei Drehzahl (U/min)	8.000	8.000	8.000
max. Drehmoment (Nm/mkp)	96 (9,8)	96 (9,8)	96 (9,8)
bei Drehzahl (U/min)	6.500	6.500	6.500
Kühlung	Luft-/Öl	Luft-/Öl	Luft-/Öl
Ölinhalt mit Filter (l)	5,5/4,5	5,5/4,5	5,5/4,5
Bohrung x Hub (mm)	78 x 59	78 x 59	78 x 59
Hubraum (ccm)	1.128	1.128	1.128
Ventilsteuerung	dohc, Gabelschlepphebel	dohc, Gabelschlepphebel	dohc, Gabelschlepphebel
Ventile pro Zylinder	4	4	4
Verdichtung	10,0 : 1	10,0 : 1	10,0 : 1
Vergaser	Mikuni-Slingshot-Gleichdruck	Mikuni-Slingshot-Gleichdruck	Mikuni-Slingshot-Gleichdruck
Anzahl/Durchmesser (mm)	34/4	34/4	34/4
Lichtmaschine	Drehstrom	Drehstrom	Drehstrom
Leistung (Watt)	300	360	420
Zündungkontaktlose	Digital-Transistor	kontaktlose Digital-Transistor	kontaktlose Digital-Transistor
Batterie (V/Ah)	12/14	12/14	12/14
Starter	Elektro	Elektro	Elektro
Primärübersetzung	1,527	1,527	1,522
Sekundärübersetzung	3,466	3,466	3,466
1. Gang	2,385	2,385	2,385
2. Gang	1,632	1,632	1,632
3. Gang	1,250	1,250	1,250
4. Gang	1,045	1,045	1,045
5. Gang	0,913	0,913	0,913
6. Gang	–	–	–
Kupplung	Ölbad	Ölbad	Ölbad
Rahmen	Stahl-Kastenprofil-Brücke	Stahl-Kastenprofil-Brücke	Stahl-Kastenprofil-Brücke
Federung vorn/Standrohrdurchmesser (mm)	Telegabel/41	Telegabel/41	Telegabel/41
Federweg vorn (mm)	140	140	140
Federung hinten	LM-Schwinge/Zentralfederbein	LM-Schwinge/Zentralfederbein	LM-Schwinge/Zentralfederbein
Federweg hinten (mm)	125	125	125
Reifen vorn	120/80 V 16 V250	120/80 VB 16 V250	120/80 VB 16 V250
Reifen hinten	150/80 V 16 V250	150/80 VB 16 V250	150/80 VB 16 V250
Bremse vorn	Doppelscheibe	Doppelscheibe	Doppelscheibe
Durchmesser (mm)	275	275	275
Bremssättel	Zweikolben-Fest	Zweikolben-Fest	Zweikolben-Fest
Bremse hinten	Scheibe	Scheibe	Scheibe
Durchmesser (mm)	275	275	275
Bremssattel	Zweikolben-Fest	Zweikolben-Fest	Zweikolben-Fest
Länge (mm)	2.185/2.270	2.295/2.235/2.205	2.295/2.235/2.205
Radstand (mm)	1.490	1.535	1.535
Lenkerbreite (mm)	745	745	745
Sitzhöhe (mm)	795	800	795
Lenkkopfwinkel (Grad)	62	60,5	63,5
Nachlauf (mm)	112	122	122
Leergewicht (kg)	266	273	273
Zul. Gesamtgewicht (kg)	455	455	455
Tankinhalt/Reserve (Liter)	21/7,0	21/7,0	21/7,0
Verbrauch (l/100 km)	7,1	7,1	7,6
Beschleunigung 0-100 km/h (s)	4,1	4,1	4,0
Höchstgeschwindigkeit (km/h)	223	223	233
Preis (DM)	14.399	14.950	15.310

Modell	GSX-R 1100 G/H/J	GSX-R 1100 K	GSX-R 1100 L	GSX-R 1100 M
Leistung (PS/kW)	100/74	100/74	100/74	100/74
bei Drehzahl (U/min)	8.700	8.500	8.500	8.500
max. Drehmoment (Nm/mkp)	101/10,3	90/9,2	94/9,6	94/9,6
bei Drehzahl (U/min)	8.300	7.000	7.000	7.000
Kühlung	Luft-/Öl	Luft-/Öl	Luft-/Öl	Luft-/Öl
Ölinhalt mit Filter (l)	4,7/3,7	5,1/4,2	5,1/4,2	5,1/4,2
Bohrung x Hub (mm)	76 x 58	78 x 59	78 x 59	78 x 59
Hubraum (ccm)	1.052	1.128	1.128	1.128
Ventilsteuerung	dohc, Gabelschlepphebel	dohc, Gabelschlepphebel	dohc, Gabelschlepphebel	dohc, Einzelschlepphebel
Ventile pro Zylinder	4	4	4	4
Verdichtung	10,0 : 1	10,0 : 1	10,0 : 1	10,0 : 1
Vergaser	Mikuni-Slingshot-Gleichdruck	Mikuni-Slingshot-Gleichdruck	Mikuni-Slingshot-Gleichdruck	Mikuni-Slingshot-Gleichdruck
Anzahl/Durchmesser (mm)	34/4	36/4	36/4	40/4
Lichtmaschine	Drehstrom	Drehstrom	Drehstrom	Drehstrom
Leistung (Watt)	280	420	420	420
Zündung	kontaktlose Transistor	kontaktlose Digital-Transistor	kontaktlose Digital-Transistor	kontaktlose Digital-Transistor
Batterie (V/Ah)	12/14	12/14	12/14	12/14
Starter	Elektro	Elektro	Elektro	Elektro
Primärübersetzung	1,622	1,565	1,565	1,565
Sekundärübersetzung	3,357	3,200	3,200	3,200
1. Gang	2,385	2,385	2,385	2,385
2. Gang	1,632	1,632	1,632	1,632
3. Gang	1,250	1,250	1,250	1,250
4. Gang	1,045	1,045	1,045	1,045
5. Gang	0,913	0,913	0,913	0,913
6. Gang	–	–	–	–
Kupplung	Ölbad	Ölbad	Ölbad	Ölbad
Rahmen	Leichtmetall-Doppelschleife	Leichtmetall-Doppelschleife	Leichtmetall-Doppelschleife	Leichtmetall-Doppelschleife
Federung vorn/Standrohrdurchmesser (mm)	Telegabel/41	Telegabel/43	Upside-down-Gabel/52	Upside-down-Gabel/52
Federweg vorn (mm)	130	120	120	120
Federung hinten	LM-Schwinge/Zentralfederbein	LM-Schwinge/Zentralfederbein	LM-Schwinge/Zentralfederbein	LM-Schwinge/Zentralfederbein
Federweg hinten (mm)	126	140	140	140
Reifen vorn	110/80 VR 18 V260	120/70 ZR 17	130/60 ZR 17	120/70 ZR 17
Reifen hinten	150/70 VR 18 V260/J: 160/60 VR 18V260	160/60 ZR 17	180/55 ZR 17	180/55 ZR 17
Bremse vorn	Doppelscheibe	Doppelscheibe	Doppelscheibe	Doppelscheibe
Durchmesser (mm)	310	310	310	310
Bremssättel	Vierkolben-Fest	Vierkolben-Fest	Vierkolben-Fest	Vierkolben-Fest
Bremse hinten	Scheibe	Scheibe	Scheibe	Scheibe
Durchmesser (mm)	220	240	240	240
Bremssattel	Zweikolben-Fest	Zweikolben-Fest	Zweikolben-Fest	Zweikolben-Fest
Länge (mm)	2.115	2.050	2.230	2.235
Radstand (mm)	1.460	1.425	1.465	1.465
Lenkerbreite (mm)	700	735	720	760
Sitzhöhe (mm)	795	795	815	810
Lenkkopfwinkel (Grad)	63,5	65	65	65
Nachlauf (mm)	116	99	99	99
Leergewicht (kg)	225/227/230	243	247	253
Zul. Gesamtgewicht (kg)	405	430	430	430
Tankinhalt/Reserve (Liter)	19/3,5/ab H: 21/3,5	21/5,0	21/5,0	21/5,0
Verbrauch (l/100 km)	8,3	8,0	8,1	8,1
Beschleunigung 0-100 km/h (s)	3,3	3,4	3,4	3,4
Höchstgeschwindigkeit (km/h)	228	235	235	236
Preis (DM)	15.239	16.590	17.300	17.590

Modell	GSX 600 F J	GSX 600 F K	GSX 600 F L/M
Leistung (PS/kW)	86 (63)	86 (63)	86 (63)
bei Drehzahl (U/min)	11.000	11.000	11.000
max. Drehmoment (Nm/mkp)	58,5 (6,0)	58,5 (6,0)	58,5 (6,0)
bei Drehzahl (U/min)	9.600	9.600	9.600
Kühlung	Luft-/Öl	Luft-/Öl	Luft-/Öl
Ölinhalt mit Filter (l)	5,0/3,85,0/3,8	5,0/3,8	
Bohrung x Hub (mm)	62,6 x 48,7	62,6 x 48,7	62,6 x 48,7
Hubraum (ccm)	600	600	600
Ventilsteuerung	dohc, Gabelschlepphebel	dohc, Gabelschlepphebel	dohc, Gabelschlepphebel
Ventile pro Zylinder	4	4	4
Verdichtung	11,3:1	11,3:1	11,3:1
Vergaser	Mikuni-Flachschieber-Gleichdruck	Mikuni-Flachschieber-Gleichdruck	Mikuni-Slingshot-Gleichdruck
Anzahl/Durchmesser (mm)	31/4	31/4	33/4
Lichtmaschine	Drehstrom	Drehstrom	Drehstrom
Leistung (Watt)	250	360	360
Zündung	kontaktlose Digital-Transistor	kontaktlose Digital-Transistor	kontaktlose Digital-Transistor
Batterie (V/Ah)	12/10	12/11	12/11
Starter	Elektro	Elektro	Elektro
Primärübersetzung	1,725	1,725	1,725
Sekundärübersetzung	3,286	3,286	3,286
1. Gang	3,083	3,083	3,083
2. Gang	2,063	2,063	2,063
3. Gang	1,647	1,647	1,647
4. Gang	1,400	1,400	1,400
5. Gang	1,227	1,227	1,227
6. Gang	1,095	1,095	1,095
Kupplung	Ölbad	Ölbad	Ölbad
Rahmen	Stahl-Kastenprofil-Brücke	Stahl-Kastenprofil-Brücke	Stahl-Kastenprofil-Brücke
Federung vorn/Standrohrdurchmesser (mm)	Telegabel/41	Telegabel/41	Telegabel/41
Federweg vorn (mm)	130	130	130
Federung hinten	Stahl-Kastenschwinge/Zentralfederbein	Stahl-Kastenschwinge/Zentralfederbein	Stahl-Kastenschwinge/Zentralfederbein
Federweg hinten (mm)	135	135	135
Reifen vorn	110/80 V 17	110/80 V 17 V250	110/80 V 17
Reifen hinten	140/80 V 17	140/80 V 17 V250	140/80 V 17
Bremse vorn	Doppelscheibe	Doppelscheibe	Doppelscheibe
Durchmesser (mm)	290	290	290
Bremssättel	Vierkolben-Fest	Vierkolben-Fest	Vierkolben-Fest
Bremse hinten	Scheibe	Scheibe	Scheibe
Durchmesser (mm)	250	250	250
Bremssattel	Zweikolben-Fest	Zweikolben-Fest	Zweikolben-Fest
Länge (mm)	2.110	2.110	2.110
Radstand (mm)	1.430	1.430	1.430
Lenkerbreite (mm)	685	685	685
Sitzhöhe (mm)	780	780	780
Lenkkopfwinkel (Grad)	65	65	65
Nachlauf (mm)	98	98	98
Leergewicht (kg)	223	223	224
Zul. Gesamtgewicht (kg)	405	405	405
Tankinhalt/Reserve (Liter)	20/5	20/5	20/5
Verbrauch (l/100 km)	6,4	6,4	6,4
Beschleunigung 0-100 km/h (s)	4,4	4,4	4,4
Höchstgeschwindigkeit (km/h)	215	215	215
Preis (DM)	9.990	10.290	10.630

Modell	GSX 750 F K	GSX 750 F L/M
Leistung (PS/kW)	100 (74)	100 (74)
bei Drehzahl (U/min)	10.400	10.400
max. Drehmoment (Nm/mkp)	70,6 (7,2)	70,6 (7,2)
bei Drehzahl (U/min)	9.800	9.800
Kühlung	Luft-/Öl	Luft-/Öl
Ölinhalt mit Filter (l)	4,9 (3,9)	4,9 (3,9)
Bohrung x Hub (mm)	73 x 44,72	73 x 44,72
Hubraum (ccm)	749	749
Ventilsteuerung	dohc, Gabelschlepphebel	dohc, Gabelschlepphebel
Ventile pro Zylinder	4	4
Verdichtung	10,7:1	10,7:1
Vergaser	Mikuni-Slingshot-Gleichdruck	Mikuni-Slingshot-Gleichdruck
Anzahl/Durchmesser (mm)	36/4	36/4
Lichtmaschine	Drehstrom	Drehstrom
Leistung (Watt)	420	420
Zündung	kontaktlose Digital-Transistor	kontaktlose Digital-Transistor
Batterie (V/Ah)	12/14	12/14
Starter	Elektro	Elektro
Primärübersetzung	1,682	1,682
Sekundärübersetzung	3,133	3,133
1. Gang	3,083	3,083
2. Gang	2,063	2,063
3. Gang	1,647	1,647
4. Gang	1,400	1,400
5. Gang	1,227	1,227
6. Gang	1,095	1,095
Kupplung	Ölbad	Ölbad
Rahmen	Stahl-Kastenprofil-Brücke	Stahl-Kastenprofil-Brücke
Federung vorn/Standrohrdurchmesser (mm)	Telegabel/41	Telegabel/41
Federweg vorn (mm)	125	125
Federung hinten	Stahlschwinge/Zentralfederbein	Stahlschwinge/Zentralfederbein
Federweg hinten (mm)	136	136
Reifen vorn	110/80 V 17 V250	110/80 V 17 V250
Reifen hinten	150/70 VB 17 V250	150/70 VB 17 V250
Bremse vorn	Doppelscheibe	Doppelscheibe
Durchmesser (mm)	290	290
Bremssättel	Vierkolben-Fest	Vierkolben-Fest
Bremse hinten	Scheibe	Scheibe
Durchmesser (mm)	250	250
Bremssattel	Zweikolben-Fest	Zweikolben-Fest
Länge (mm)	2.250	2.250
Radstand (mm)	1.470	1.470
Lenkerbreite (mm)	730	730
Sitzhöhe (mm)	790	790
Lenkkopfwinkel (Grad)	65	65
Nachlauf (mm)	101	101
Leergewicht (kg)	237	237
Zul. Gesamtgewicht (kg)	420	420
Tankinhalt/Reserve (Liter)	20/5	20/5
Verbrauch (l/100 km)	7,1	7,1
Beschleunigung 0-100 km/h (s)	3,7	3,7
Höchstgeschwindigkeit (km/h)	227	227
Preis (DM)	12.280	12.740

Motorräder die Geschichte machten

Frank-Albert Illg
Motorräder die Geschichte machten: Honda CX 500/650
Der Autor beschreibt, wie eines der meistverkauften japanischen Motorräder entstand und schafft Klarheit unter den Modellen und Baujahren.
144 Seiten, 116 Abbildungen, 9 farbig, gebunden
DM/sFr 39,80 / öS 311,–
Bestell-Nr. 01414

Jan Leek
Motorräder die Geschichte machten: Sechszylinder – CBX, Sei und Z 1300
Die komplette Geschichte aller Sechszylinder von Honda, Kawasaki und Benelli: Typen und Technik in Wort und Bild.
122 Seiten, 115 Abbildungen, 10 farbig, gebunden
DM/sFr 39,80 / öS 311,–
Bestell-Nr. 01507

Andreas Seiler
Motorräder die Geschichte machten: Kawasaki – Von der Z1 zur Zephir
Die komplette Entwicklungs- und Technikgeschichte einer der berühmtesten japanischen Motorrad-Baureihen.
132 Seiten, 112 Abbildungen, 12 farbig, gebunden
DM/sFr 39,80 / öS 311,–
Bestell-Nr. 01559

Wolfgang Zeyen
Motorräder die Geschichte machten: Sportmotorräder – Die Serienmaschinen der Superklasse
Die aufregendsten und teuersten Serienmaschinen der Gegenwart in Wort und Bild – mit fesselnden Fahrberichten.
168 Seiten, 258 Abb., 48 farbig, gebunden
DM/sFr 78,– / öS 609,–
Bestell-Nr. 01475

Andreas Schlüter
Motorräder die Geschichte machten: Yamaha – Die XT-Einzylinder
Eine der erfolgreichsten japanischen Motorrad-Baureihen in Wort und Bild – Geschichte, Technik, Sporterfolge.
ca. 150 Seiten, ca. 110 Abb., ca. 10 farbig, gebunden
DM/sFr 39,80 / öS 311,–
Bestell-Nr. 01498

Michael Schäfer
Motorräder die Geschichte machten: Ducati – Die Königswellen-Twins
Der Autor vermittelt fachkundig alles zu technischen Hintergründen, Modelländerungen und Details für jeden Typ.
168 Seiten, 108 Abbildungen, 10 farbig, gebunden
DM/sFr 39,80 / öS 311,–
Bestell-Nr. 01444

Wolfgang Zeyen
Motorräder die Geschichte machten: Moto Guzzi V-Twins
Die fesselnde Geschichte der großen Guzzi-Twins – Entwicklung, Technik und Sporterfolge in packenden Reportagen mit brillanten Bildern.
140 Seiten, 130 Abbildungen, 10 farbig, gebunden
DM/sFr 39,80 / öS 311,–
Bestell-Nr. 01383

Motor buch Verlag

DER VERLAG FÜR MOTORRAD-BÜCHER
Postfach 10 37 43 · 70032 Stuttgart

Änderungen vorbehalten